monsa
publications

© 2020 Instituto Monsa de ediciones
c/ Gravina 43
08930 Sant Adrià de Besós
Barcelona, Spain
T: +34 93 381 00 50
www.monsa.com
monsa@monsa.com

ISBN 978-84-17557-14-0 [ES]

Editorial project:
2019 © **booq** publishing, S.L.
c/ Domènech, 7-9, 2º 1ª
08012 Barcelona, Spain
T: +34 93 268 80 88
www.booqpublishing.com

ISBN 978-84-9936-148-2 [EN]
ISBN 978 84 9936 874 0 [DE]

Editorial Coordinator:
Claudia Martínez Alonso

Art Director:
Mireia Casanovas Soley

Editor:
Macarena Abascal Valdenebro

Translations:
booq publishing
[EN] [DE] [FR]

Printing in Spain

In recent years there has been a revolution in the world of interior design and decoration. Decorators and architects strive to create welcoming homes that reflect the personality of their occupants, that are a haven of well-being. We want places where we feel good, where we can have a part of ourselves in the space around us. Getting a house to reflect the tastes and personality of those who live there is the achievement of a good decoration, a house with identity. Environments that reveal our feelings or our way of understanding life. The key is to find the decorative style that best suits each.

Aseptic and impersonal homes are left behind. Today's design is no longer as rigorous in the search for a pure aesthetic, free of any artifice as was the minimalism a couple of decades ago. Spaces are still being created where simplicity prevails, but in this search for character, contrasts of styles, textures, materials, colours are created... also the contrast between the old and the new. In the same space, a classic piece of antique furniture coexists with a modern design of simple lines. Everything is valid as long as the mixture is harmonious.

On the other hand, changes in both our way of life and family structures give rise to open-plan dwellings where living spaces flow into each other, and can even easily change their configuration, through the use of sliding doors or panels; the different environments of the house are integrated. In many cases, kitchen, dining room and living room merge into a whole that helps there to be greater communication and interaction between those who live in the house.

The search for luminous spaces is the main requirement when building or remodelling a home. In addition to their aesthetic benefits, greater feeling of spaciousness and improved perception of the space, well-lit rooms increase the comfort and productivity of its occupants and finally, mean energy savings.

This book gathers a careful selection of images of the different rooms of homes decorated with very diverse styles that show that in the current panorama of interior design the range of possibilities is wide. Providing environments with a balance based on harmonious and attractive decoration translates into inspiring atmospheres with character that can be materialised in different styles. It is a question of finding the style with which we identify most and which makes us feel like our own home.

In den letzten Jahren hat es eine Revolution in der Welt der Innenarchitektur und Dekoration gegeben. Dekorateure und Architekten sind bestrebt, einladende Wohnungen zu schaffen, die die Persönlichkeit ihrer Bewohner widerspiegeln, die ein Ort des Wohlbefindens sind. Wir wollen Orte, an denen wir uns wohlfühlen, an denen wir einen Teil von uns selbst im Raum um uns herum haben können. Ein Haus zu bekommen, das den Geschmack und die Persönlichkeit derer widerspiegelt, die dort leben, ist die Verwirklichung einer guten Dekoration, ein Haus mit Identität. Umgebungen, die unsere Gefühle oder unsere Art, das Leben zu verstehen, offenbaren. Der Schlüssel ist, den dekorativen Stil zu finden, der am besten zu jedem passt.

Aseptische und unpersönliche Häuser bleiben zurück. Das heutige Design ist nicht mehr so konsequent auf der Suche nach einer reinen Ästhetik, frei von jeglichem Kunstgriff wie der Minimalismus von vor einigen Jahrzehnten. Es entstehen immer noch Räume, in denen Einfachheit vorherrscht, aber auf der Suche nach Personalisierung und Charakter entstehen Kontraste von Stilen, Texturen, Materialien, Farben ... auch der Kontrast zwischen Alt und Neu. So koexistiert im gleichen Raum ein klassisches antike Möbelstück mit einem modernen, schlichten Linienspiel. Alles ist gültig, solange die Mischung harmonisch ist.

Andererseits entstehen durch Veränderungen in unserer Lebensweise und in den Familienstrukturen offene Wohnungen, in denen Lebensräume ineinander übergehen und durch den Einsatz von Schiebetüren oder -paneelen sogar leicht veränderbar sind; die verschiedenen Umgebungen des Hauses werden integriert. In vielen Fällen verschmelzen Küche, Esszimmer und Wohnzimmer zu einem Ganzen, das zu mehr Kommunikation und Interaktion zwischen den Bewohnern des Hauses beiträgt.

Die Suche nach leuchtenden Räumen ist die Hauptanforderung beim Bau oder Umbau eines Hauses. Neben ihren ästhetischen Vorteilen, dem größeren Raumgefühl und der besseren Wahrnehmung des Raumes erhöhen gut beleuchtete Räume den Komfort und die Produktivität ihrer Bewohner und bedeuten schließlich Energieeinsparungen.

Dieses Buch enthält eine sorgfältige Auswahl von Bildern der verschiedenen Räume von Häusern, die mit sehr unterschiedlichen Stilen ausgestattet sind und die zeigen, dass im aktuellen Panorama der Innenarchitektur die Bandbreite der Möglichkeiten sehr groß ist. Eine Umgebung mit einer Ausgewogenheit, die auf einer harmonischen und attraktiven Dekoration basiert, übersetzt sich in inspirierende Atmosphären mit Charakter, die in verschiedenen Stilen verwirklicht werden können. Es geht darum, den Stil zu finden, mit dem wir uns am meisten identifizieren und der uns das Gefühl gibt, unser eigenes Zuhause zu sein.

Ces dernières années, il y a eu une révolution dans le monde de l'architecture d'intérieur et de la décoration. Décorateurs et architectes s'efforcent de créer des maisons accueillantes qui reflètent la personnalité de leurs occupants, qui sont un havre de bien-être. Nous voulons des endroits où nous nous sentons bien, où nous pouvons avoir une part de nous-mêmes dans l'espace qui nous entoure. Obtenir une maison qui reflète les goûts et la personnalité de ceux qui y vivent, c'est la réalisation d'une bonne décoration, une maison avec une identité. Des environnements qui révèlent nos sentiments ou notre façon de comprendre la vie. La clé est de trouver le style décoratif qui convient le mieux à chacun.

Les maisons aseptiques et impersonnelles sont laissées pour compte. Le design d'aujourd'hui n'est plus aussi rigoureux dans la recherche d'une esthétique pure, libre de tout artifice que le minimalisme d'il y a quelques décennies. Dans cette recherche de personnalisation et de caractère, des contrastes de styles, de textures, de matières, de couleurs, de matières sont créés... ainsi que le contraste entre l'ancien et le nouveau. Ainsi, dans le même espace, un meuble ancien classique coexiste avec un meuble moderne aux lignes simples. Tout est valable tant que le mélange est harmonieux.

D'autre part, l'évolution de nos modes de vie et de nos structures familiales donne naissance à des habitations à aire ouverte où les espaces de vie s'emboîtent les uns dans les autres et peuvent même facilement changer de configuration, par l'utilisation de portes coulissantes ou de panneaux ; les différents environnements de la maison sont intégrés. Dans de nombreux cas, la cuisine, la salle à manger et le salon se fondent en un tout qui favorise la communication et l'interaction entre ceux qui vivent dans la maison.

La recherche d'espaces lumineux est la principale exigence lors de la construction ou de la rénovation d'une maison. En plus de leurs avantages esthétiques, d'une plus grande sensation d'espace et d'une meilleure perception de l'espace, les pièces bien éclairées augmentent le confort et la productivité de leurs occupants et, enfin, permettent des économies d'énergie.

Ce livre rassemble une sélection soignée d'images des différentes pièces des maisons, décorées avec des styles très divers qui montrent que dans le panorama actuel de la décoration intérieure, l'éventail des possibilités est très large. Offrir un environnement équilibré grâce à une décoration harmonieuse et attrayante se traduit par des ambiances inspirantes avec un caractère qui peut se matérialiser dans différents styles. Il s'agit de trouver le style auquel nous nous identifions le plus et qui nous fait nous sentir chez nous.

En los últimos años se ha producido una revolución en el mundo del interiorismo y la decoración. Los decoradores y arquitectos se esfuerzan en crear hogares acogedores, que reflejen la personalidad de sus ocupantes, que sean un refugio de bienestar. Queremos lugares donde sentirnos bien, donde poder tener una parte de nosotros mismos en el espacio que nos rodea. Conseguir que una casa refleje los gustos y la personalidad de quien vive allí es el logro de una buena decoración, una vivienda con identidad. Ambientes que revelen nuestros sentimientos o nuestra forma de entender la vida. La clave está en dar con el estilo decorativo que mejor se adapte a cada uno.

Atrás quedan los hogares asépticos e impersonales. El diseño actual ya no es tan riguroso en la búsqueda de una estética pura, libre de cualquier artificio como lo era el minimalismo de hace un par de décadas. Se siguen creando espacios donde prima la simplicidad, pero en esa búsqueda de personalización y carácter, se crean contrastes de estilos, texturas, de materiales, de colores… también el contraste entre lo antiguo y lo nuevo. Así, en un mismo espacio convive un mueble clásico de un anticuario con otro moderno de líneas simples. Todo es válido mientras la mezcla resulte armoniosa.

Por otro lado, los cambios tanto en nuestra forma de vida como en las estructuras familiares, dan lugar a viviendas de plano abierto donde los espacios habitables fluyen unos en otros, e incluso pueden cambiar fácilmente su configuración, a través del uso de puertas correderas o paneles; los diferentes ambientes de la casa quedan integrados. En muchos casos, cocina, comedor y sala de estar se funden en un todo que ayuda a que exista una mayor comunicación e interacción entre los que habitan la casa.

La búsqueda de espacios luminosos se erige como requisito principal a la hora de construir o remodelar una vivienda. Además de sus beneficios a nivel estético, mayor sensación de amplitud y mejora de la percepción del espacio, las estancias bien iluminadas aumentan la comodidad y productividad de sus ocupantes y por último, suponen un ahorro de energía.

Este libro recoge una cuidada selección de imágenes de la diferentes estancias de viviendas decoradas con estilos muy diversos, que ponen de manifiesto que en el panorama actual del diseño de interiores el abanico de posibilidades es amplísimo. Dotar los ambientes de un equilibrio basado en una decoración armónica y atractiva se traduce en atmósferas inspiradoras y con carácter que pueden materializarse en diferentes estilos. Se trata de encontrar el estilo con el que más nos identifiquemos y que nos haga sentir nuestra esa vivienda.

Open Spaces

Until a few years ago, it was traditional for each room in the house to have walls that practically isolated it from the rest. Today, driven by changes in our lifestyle, the trend towards open-plan housing is increasingly common: divisions between rooms are now virtual, not physical. A single space in which the boundaries are given by the furniture, some strategically located carpet, the selection of plants or lighting.

The trend towards open spaces is not a passing fad; it has come to stay. Its protagonism goes beyond mere aesthetics. The elimination of walls has many benefits: it is an ideal solution for small spaces, since the useful surface is used much more and it also generates a sensation of greater amplitude. As there are no partitions, they are very luminous dwellings. They are integrally illuminated by their external openings, and in which ventilation is guaranteed. Another important benefit is their flexibility. Not having fixed divisions allows to easily change the distribution. An open house fosters communication and socialization, not only with family members but also with guests.

Although when we talk about open spaces the first thing that comes to mind is the kitchen that merges with the living room and the dining room, we also find small houses or apartments in which the garden or terrace are integrated into the living room or dining room becoming part of the dwelling, bathrooms integrated into the bedroom, dressing rooms that are visible in the room... Endless possibilities.

Geöffnete Räume

Bis vor einigen Jahren war es üblich, dass jeder Raum im Haus Wände hatte, die ihn praktisch von den anderen Räumen isolierten. Heute jedoch, getrieben durch Veränderungen in unserem Lebensstil, setzt sich der Trend zum offenen Wohnen immer mehr durch: Die Trennung zwischen den Räumen ist heute virtuell und nicht mehr physisch. Ein einzelner Raum, in dem die Grenzen durch die Möbel, einen strategisch günstig gelegenen Teppich, die Auswahl der Pflanzen oder die Beleuchtung vorgegeben sind.

Der Trend zu Freiflächen ist keine vorübergehende Modeerscheinung, sondern hat sich fortgesetzt. Seine Protagonisten gehen über die reine Ästhetik hinaus. Die Eliminierung von Wänden hat viele Vorteile: Sie ist eine ideale Lösung für kleine Räume, da die Fläche viel mehr genutzt wird und gleichzeitig ein Gefühl größerer Amplitude erzeugt. Da es keine Trennwände gibt, handelt es sich um sehr lichtdurchflutete Wohnungen, da sie von ihren Außenöffnungen integral beleuchtet werden und eine Belüftung gewährleistet ist. Ein weiterer wichtiger Vorteil ist die Flexibilität, die sie bieten, denn da wir keine festen Teilungen haben, können wir die Verteilung unserer Wohnungen leicht an unsere Laune anpassen. Da es keine Hindernisse gibt, können wir uns außerdem freier und ungehinderter im Haus bewegen. Schließlich, und das ist sehr wichtig, fördert ein Tag der offenen Tür die Kommunikation und Sozialisation, nicht nur mit Familienmitgliedern, sondern auch mit Gästen: Wenn man kocht, fühlt man sich nicht isoliert und kann mit anderen sprechen.

Obwohl uns, wenn wir über offene Räume sprechen, zuerst die Küche einfällt, die mit dem Wohnzimmer und dem Esszimmer verschmilzt, finden wir auch kleine Häuser oder Wohnungen, in denen der Garten oder die Terrasse in das Wohnzimmer oder Esszimmer integriert sind und Teil der Wohnung werden. Badezimmer, die in das Schlafzimmer integriert sind, Ankleideräume, die im Raum sichtbar sind ... die Möglichkeiten sind endlos.

Espaces ouverts

Jusqu'à il y a quelques années, il était de tradition que chaque pièce de la maison ait des murs qui l'isolaient pratiquement des autres pièces. Aujourd'hui, cependant, sous l'impulsion de l'évolution de notre mode de vie, la tendance à l'habitat à aire ouverte est de plus en plus fréquente : les divisions entre les pièces sont désormais virtuelles, et non physiques. Un espace unique dont les limites sont données par le mobilier, la moquette stratégiquement située, le choix des plantes ou l'éclairage.

La tendance aux espaces ouverts n'est pas une mode passagère, elle est venue pour rester. Son protagonisme va au-delà de l'esthétique. L'élimination des murs présente de nombreux avantages : c'est une solution idéale pour les petits espaces, puisque la surface utile est beaucoup plus utilisée et qu'elle génère également une impression d'amplitude supérieure. Comme il n'y a pas de cloisons, ce sont des habitations très lumineuses car elles sont éclairées d'un seul tenant par leurs ouvertures extérieures ; une bonne ventilation y est garantie. Un autre avantage important est la flexibilité qu'elles offrent, puisque, n'ayant pas de divisions fixes, nous pouvons facilement changer la distribution de ces habitations à notre guise. De plus, comme il n'y a pas d'obstacles, vous pouvez vous déplacer dans la maison avec plus de liberté, sans entrave. Enfin, et c'est très important, une journée portes ouvertes favorise la communication et la socialisation, non seulement avec les membres de la famille mais aussi avec les invités : lorsque vous cuisinez, vous ne vous sentirez pas isolé et pourrez discuter avec vos convives.

Lorsque l'on parle d'espaces ouverts, la première chose qui vient à l'esprit est la cuisine, qui se confond avec le salon et la salle à manger.Malgré tout, on trouve aussi des petites maisons ou des appartements dans lesquels le jardin ou la terrasse sont intégrés dans le salon ou la salle à manger et font partie du logement ; des salles de bains intégrées dans la chambre, des dressing visibles dans la pièce... Les possibilités sont infinies.

Espacios abiertos

Hasta hace unos años era tradicional que cada habitación de la casa tuviera paredes que prácticamente la aislaban de las otras. Sin embargo, actualmente, impulsada por los cambios en nuestro estilo de vida, la tendencia a las viviendas de planta abierta es cada vez más habitual: las divisiones entre las estancias ahora son virtuales, no físicas. Un solo espacio en el que los límites están dados por los muebles, alguna alfombra estratégicamente ubicada, una selección de plantas o la iluminación.

La tendencia a los espacios abiertos no es una moda pasajera; ha llegado para quedarse. Su protagonismo va más allá de la mera estética. Y es que, la eliminación de las paredes supone muchos beneficios: es una solución ideal para los espacios pequeños, ya que se aprovecha mucho más la superficie útil y además genera una sensación de mayor amplitud. Al no existir tabiques, son viviendas muy luminosas, pues están integralmente iluminadas por sus aberturas exteriores, y en las cuales la ventilación está garantizada. Otro beneficio importante es la flexibilidad que ofrecen, ya que, al no tener divisiones fijas, podemos fácilmente cambiar la distribución de nuestra vivienda a nuestro antojo. Además, al no tener obstáculos se puede circular por la casa con más libertad y sin impedimentos. Por último, y muy importante, es que una vivienda abierta fomenta la comunicación y socialización, no solo con los integrantes de la familia y sino también con los invitados: cuando uno está cocinando, no se sentirá aislado y podrá conversar con los demás.

Aunque al hablar de espacios abiertos lo primero que nos viene a la cabeza es la cocina que se funde con el salón y el comedor, también encontramos casas o apartamentos pequeños en los cuales el jardín o la terraza están integrados en el salón o el comedor convirtiéndose en parte de la vivienda, baños integrados en el dormitorio, vestidores que quedan a la vista en la habitación… Las posibilidades son infinitas.

The imposing ceiling lamp clearly defines the dining room, just as the unevenness of the ceiling with integrated spotlights defines the kitchen area without the need for any further physical separation.

Die imposante Deckenleuchte definiert das Esszimmer klar, ebenso wie die Unebenheiten der Decke mit integrierten Strahlern den Küchenbereich ohne weitere räumliche Trennung definieren.

L'imposant plafonnier définit clairement la salle à manger, tout comme l'inégalité du plafond avec projecteurs intégrés définit la cuisine sans qu'il soit nécessaire de la séparer physiquement.

La imponente lámpara de techo define claramente el comedor, de la misma manera que el desnivel del techo con focos integrados define el área de la cocina sin necesidad de añadir ninguna otra separación física.

The central island performs three functions in this space: it is a work zone, it separates the kitchen zone from the more formal dining area, and finally, by installing a wooden bar on one of its sides, it functions as an informal dining room for a snack or breakfast.

Die zentrale Insel erfüllt in diesem Raum drei Funktionen: Sie ist eine Arbeitszone, trennt die Küchenzone von der formellen Esszone und schließlich, indem sie an einer ihrer Seiten eine Holzbar beherbergt, fungiert sie als informelles Esszimmer für einen Snack oder ein Frühstück.

L'îlot central remplit trois fonctions dans cet espace : c'est une zone de travail, il sépare la zone cuisine de la zone salle à manger plus formelle, et enfin, en installant un bar en bois sur l'un de ses côtés, il sert de salle à manger informelle pour se préparer un en-cas ou un petit déjeuner.

La isla central desempeña tres funciones en este espacio: es zona de trabajo, separa la zona de cocina de la zona de comedor más formal y, por último, al instalar en uno de sus lado una barra de madera, funciona como un comedor informal para tomar un *snack* o desayunar.

Coffee
time

The open staircase encourages the visual connection of the attic with the ground floor, creates a sensation of spatial amplitude and allows the light that enters through the windows to penetrate into the deepest corners.

Die offene Treppe fördert die visuelle Verbindung des Dachgeschosses mit dem Erdgeschoss, erzeugt ein Gefühl der räumlichen Weite und lässt das durch die Fenster eintretende Licht bis in die tiefsten Ecken eindringen.

L'escalier ouvert favorise la connexion visuelle de l'entretoit avec le rez-de-chaussée, crée une sensation d'amplitude spatiale et permet à la lumière qui pénètre par les fenêtres d'atteindreles coins les plus profonds.

La escalera abierta fomenta la conexión visual del altillo con la planta baja, propicia la sensación de amplitud espacial y permite que la luz que entra a través de los ventanales penetre hasta los rincones más profundos.

BREAD

The structure of this New York style loft contrasts with the warmth of the decoration rich in wood details from various sources in both the cladding and the furniture.

Die Struktur dieses Wohntyps Loft New York steht im Kontrast zur Wärme der Dekoration, die reich an Holzdetails aus verschiedenen Quellen sowohl in der Verkleidung als auch in den Möbeln ist.

La structure de ce type de logement « loft » New York contraste avec la chaleur de la décoration riche en détails de bois provenant de diverses sources tant dans le revêtement que dans le mobilier.

La estructura de esta vivienda tipo *loft* neoyorkino contrasta con la calidez de la decoración, rica en detalles de madera de diversas procedencias tanto en el revestimiento como en el mobiliario.

In this basement, the ceiling opening allows you to enjoy the natural light from the upper floor, saving energy, favouring ventilation and adding aesthetic interest to the space.

In diesem Untergeschoss können Sie durch die Deckenöffnung das natürliche Licht aus dem Obergeschoss genießen, was Energie spart und die Belüftung fördert. Auf der anderen Seite fügt sie dem Raum ästhetisches Interesse hinzu.

Dans ce sous-sol, l'ouverture au plafond vous permet de profiter de la lumière naturelle de l'étage supérieur, ce qui permet d'économiser de l'énergie et favorise la ventilation. D'autre part, il ajoute un intérêt esthétique à l'espace.

En este sótano, la abertura del techo permite disfrutar de la luz natural del piso superior, lo cual supone un ahorro energético y favorece a la ventilación. Por otro lado, añade interés estético al espacio.

To break with the white that floods everything, decorative details in the form of plants and floral arrangements give a touch of color and help create a warmer space.

Um mit dem Weiß zu brechen, das alles überflutet, verleihen dekorative Details in Form von Pflanzen und Blumenarrangements einen Hauch von Farbe und tragen dazu bei, einen wärmeren Raum voller Leben zu schaffen.

Pour rompre avec le blanc qui inonde tout, des détails décoratifs sous forme de plantes et d'arrangements floraux donnent une touche de couleur et contribuent à créer un espace plus chaud et plein de vie.

Para romper con el blanco que lo inunda todo, los detalles decorativos en forma de plantas y arreglos florales aportan una nota de color y ayudan a crear un espacio más cálido y lleno de vida.

In monochromatic spaces, interesting contrasts of textures can be created that enrich them and provoke sensations that awaken the senses. In addition to maximizing the spatial sensation, the integration of spaces allows the creation of a composition that is very rich in nuances.

In monochromatischen Räumen können interessante Kontraste von Texturen erzeugt werden, die sie bereichern und Empfindungen hervorrufen, die die Sinne wecken. Neben der Maximierung des Raumempfindens ermöglicht die Integration von Räumen die Schaffung einer Komposition, die sehr nuancenreich ist.

Dans les espaces monochromatiques, on peut créer des contrastes intéressants de textures qui les enrichissent et éveillent les sens. En plus de maximiser la sensation spatiale, l'intégration des espaces permet de créer une composition très riche en nuances.

En espacios monocromáticos se pueden crear interesantes contrastes de texturas que los enriquecen y que provocan sensaciones que despiertan los sentidos. Además de maximizar la sensación espacial, la integración de los espacios permite crear una composición muy rica en matices.

Living Rooms

The living room is the perfect place to relax at the end of the day, watching television, reading a book or just talking to the family; but it also becomes the meeting point when there are guests at home. A living room has to be a versatile space to adapt to its different uses. The requirements of the living room must define its design: whether it must be more oriented towards relaxation, prepared for visits, with a storage area, with a more remote reading area...The layout of the furniture will be key to achieve the greatest comfort and use of space. It is possible to play with the furniture and decoration to separate the atmospheres according to their use.

Light plays a fundamental role in the decoration of a living room; natural and artificial, it largely depends on it whether or not a space is attractive to the eye. An adequate light can enhance each and every one of the decorative elements of the room, intensifying in turn the value of the objects as well as the furniture and the rest of the decoration. In addition to trying to make the most of natural light, the artificial light in a living room must be warm, welcoming and adapted to each of the room. Thus, in the areas to relax, light should be softer, indirect and able to be regulated. In the reading area it should be more intense and focused.

Minimalist, modern, Nordic, rustic, boho chic, industrial, classic... the range of decorative options is very wide and no matter which one we end up betting on, the important thing is to find the decorative style that best suits our personality. It is useless to decorate a living room with great aesthetic harmony if we do not feel fully identified. As the main piece of the home, the living room must be a welcoming place, where we feel comfortable and, of course, a faithful reflection of our identity.

Wohnzimmer

Das Wohnzimmer ist der perfekte Ort, um sich am Ende des Tages zu entspannen, fernzusehen, ein Buch zu lesen oder einfach nur mit der Familie zu reden; aber es wird auch zum Treffpunkt par excellence, wenn Gäste zu Hause sind. Gerade deshalb muss es ein vielseitiger Raum sein, um sich an die unterschiedlichen Nutzungen anzupassen, weshalb schon vor der Einrichtung des Wohnzimmers definiert werden muss, welchen Anforderungen es genügen soll: mehr auf Entspannung ausgerichtet, auf Besuche vorbereitet, mit einem Lagerraum, mit einem entfernteren Lesebereich ... Natürlich können verschiedene Anforderungen kombiniert werden. Die Anordnung der Möbel ist der Schlüssel zu größtmöglichem Komfort und Raumnutzung. Es ist möglich, mit den Möbeln und der Dekoration zu spielen, um die Atmosphären nach dem Nutzen abzugrenzen, der ihnen gegeben wird, aber ohne zu vergessen, dass sie ein harmonisches globales Set schaffen müssen.

Licht spielt eine grundlegende Rolle bei der Dekoration eines Wohnzimmers; natürlich oder künstlich – es hängt weitgehend vom Licht ab, ob ein Raum für das Auge attraktiv ist oder nicht. Ein angemessenes Licht kann jedes einzelne der dekorativen Elemente des Raumes betonen und wiederum den Wert der Objekte sowie der Möbel und der übrigen Dekoration erhöhen. Neben dem Versuch, das natürliche Licht optimal zu nutzen, muss das künstliche Licht in einem Wohnzimmer warm, einladend und an jeden der vorhandenen Räume angepasst sein. So sollte in den Bereichen zum Entspannen, oder um mit Besuchern oder Familie zu sein, oder im Bereich des Fernsehens, weicher, indirekt und regulierbar sein, während es im Lesebereich intensiver und konzentrierter sein sollte.

Minimalistisch, modern, nordisch, rustikal, boho-schick, industriell, klassisch ... die Auswahl an Dekorationsmöglichkeiten ist sehr groß. Und egal, auf welche wir am Ende setzen, es kommt darauf an, den Dekorstil zu finden, der am besten zu unserer Persönlichkeit passt. Es ist sinnlos, ein Wohnzimmer mit großer ästhetischer Harmonie zu dekorieren, wenn wir uns nicht vollständig damit identifiziert fühlen. Als Hauptstück des Hauses muss das Wohnzimmer ein einladender Ort sein, an dem wir uns wohlfühlen – und natürlich ein getreues Abbild unserer Lebensweise, kurz gesagt unserer Identität.

Salons

Le salon est l'endroit idéal pour se détendre en fin de journée, en regardant la télévision, en lisant un livre ou tout simplement en parlant à sa famille ; mais il devient aussi le point de rencontre par excellence quand il y a des invités à la maison. C'est précisément pour cette raison qu'il doit être un espace polyvalent pour s'adapter à ses différentes utilisations. C'est pourquoi, avant même de décorer le salon, il doit définir les exigences auxquelles il doit répondre : s'il doit être plus orienté vers la détente, préparé aux visites, avec un espace de rangement, avec une zone de lecture plus éloignée... Bien entendu, différentes exigences peuvent se combiner. L'agencement du mobilier sera essentiel pour obtenir le plus grand confort et l'utilisation optimale de l'espace. Il est possible de jouer avec le mobilier et la décoration pour délimiter les ambiances en fonction de leur utilité, mais sans oublier qu'ils doivent créer un ensemble global harmonieux.

La lumière joue un rôle fondamental dans la décoration d'un salon ; naturelle et artificielle, elle en dépend largement, qu'un espace soit attrayant ou non pour l'œil. Une lumière adéquate peut mettre en valeur chacun des éléments décoratifs de la pièce, en intensifiant à son tour la valeur des objets ainsi que du mobilier et du reste de la décoration. En plus d'essayer de tirer le meilleur parti de la lumière naturelle, la lumière artificielle d'un salon doit être chaleureuse, accueillante et adaptée à chacune des pièces existantes. Ainsi, dans les moments de détente, ou passés avec des convives ou de la famille, ou pour regarder la télévision, la lumièredevrait être plus douce, indirecte et peut-être réglementée ; tandis que dans le cas d'une pause lecture, elle devrait être plus intense et ciblée.

Minimaliste, moderne, nordique, rustique, « boho », chic, industriel, classique.... la gamme d'options décoratives est très large et quel que soit celui sur lequel nous parions, l'important est de trouver le style de décoration qui corresponde le mieux à notre personnalité. Il est inutile de décorer un salon avec une grande harmonie esthétique si on ne s'y sent pas pleinement identifié. En tant que pièce maîtresse de la maison, le salon doit être un lieu accueillant, où nous nous sentons à l'aise et, bien sûr, un reflet fidèle de notre mode de vie, bref, de notre identité.

Salones

El salón es la estancia perfecta donde descansar relajados al acabar la jornada, viendo la televisión, leyendo un libro o simplemente conversando en familia; pero también se convierte en el punto de reunión por excelencia cuando hay invitados en casa. Precisamente por eso, ha de ser un espacio versátil para adaptarse a sus diferentes usos, de ahí que antes incluso de decorar el salón, se debe definir qué requisitos debe cumplir: si debe estar más orientado al relax, preparado para visitas, con zona de almacenamiento, con una zona más apartada de lectura... Por supuesto, se pueden combinar diferentes requisitos. La disposición de los muebles será clave para conseguir el mayor confort y aprovechamiento del espacio. Se puede jugar con el mobiliario y la decoración para delimitar los ambientes según la utilidad que se les vaya a dar, pero sin olvidar que tienen que crear un conjunto global armonioso.

La luz desempeña un papel fundamental en la decoración de un salón; natural y artificial, de ella depende en gran parte que un espacio se atractivo o no a la vista. Una luz adecuada puede lograr realzar todos y cada uno de los elementos decorativos de la estancia, intensificando a su vez el valor tanto de los objetos como del mobiliario y el resto de decoración. Además de intentar aprovechar al máximo la luz natural, la luz artificial de un salón debe ser cálida, acogedora y adaptada a cada uno de los ambientes que haya. Así, en las zonas para relajarse, o para estar con visitas o familia, o en la zona de la televisión debe ser más suave, indirecta y que se pueda regular, mientras que en la zona de lectura debe ser más intensa y focalizada.

Minimalista, moderno, nórdico, rústico, *boho* chic, industrial, clásico... el abanico de opciones decorativas es muy amplio y no importa por cuál acabemos apostando, lo importante es dar con el estilo decorativo que mejor se ajuste a nuestra personalidad. De nada sirve decorar un salón con una gran armonía estética si no nos sentimos plenamente identificados con este. Como pieza principal de la vivienda, el salón debe ser un lugar acogedor, donde nos sintamos cómodos y, por supuesto, un reflejo fiel de nuestro modo de vida, en definitiva, de nuestra identidad.

The quiet, unpretentious elegance of this living room is inspired by Zen décor. The open space, free of clutter, light wood panels, and minimalist furniture makes this a room that inspires peace.

Die ruhige, schlichte Eleganz dieses Wohnzimmers ist vom Zen-Dekor inspiriert. Der offene Raum, frei von Unordnung, mit hellen Holzpaneelen und minimalistischen Möbeln, macht diesen Raum zu einem Raum, der zu Ruhe und Reflexion einlädt.

L'élégance calme et sans prétention de ce salon s'inspire du décor zen. L'espace ouvert, sans encombrement, les panneaux de bois clairs et les meubles minimalistes en font une pièce qui invite à la paix et à la réflexion.

La tranquila elegancia sin pretensiones de esta sala de estar está inspirada en la decoración Zen. El espacio abierto, libre de desorden, paneles de madera clara, y los muebles minimalistas hace de este un salón que invita a la paz y a la reflexión.

Lighting is key in a reading corner. For this reason, it has been placed next to the windows to make the most of natural light. When the sun sets, it is essential to have a lamp with focussed light, such as this table lamp placed on the side.

In einer Leseecke ist die Beleuchtung entscheidend. Aus diesem Grund wurde sie neben den Fenster platziert, um das natürliche Licht optimal zu nutzen. Wenn die Sonne untergegangen ist, ist es unerlässlich, eine Lampe mit fokussiertem Licht zu haben, wie diese Tischlampe auf dem Beistelltisch oder ein Standmodell.

L'éclairage est essentiel dans un coin de lecture. Pour cette raison, il a été placé à côté des fenêtres pour profiter au maximum de la lumière naturelle. Lorsque le soleil se couche, il est essentiel d'avoir une lampe à lumière focalisée, telle que cette lampe de table, placée sur la table d'appoint ou un modèle sur pied.

La iluminación es clave en un rincón de lectura, por ello se ha ubicado junto a las ventanas, para así aprovechar al máximo la luz natural. Para cuando se pone el sol, es imprescindible contar con una lámpara con luz focalizada, como esta de sobremesa, colocada sobre la mesita auxiliar, o un modelo de pie.

The mixture of old and new works: past and present in the same corner. *Vintage* elements or pieces reminiscent of past times that coexist with others more modern and *avant-garde*.

Die Mischung aus alten und neuen Werken: Vergangenheit und Gegenwart in einer Ecke. Vintage-Elemente oder Stücke, die an vergangene Zeiten erinnern, die mit anderen moderner und avantgardistischer koexistieren.

Le mélange d'œuvres anciennes et nouvelles : passé et présent dans un même coin. Eléments « vintages » ou pièces qui rappellent les temps passés et qui coexistent avec d'autres plus modernes et avant-gardistes.

La mezcla de lo antiguo y lo nuevo funciona: pasado y presente en el mismo rincón. Elementos *vintage* o piezas que recuerdan a tiempos pasados que conviven con otros más modernos y vanguardistas.

why
the
hell
not

The *chaise longue*, increasingly common in today's living rooms, has almost completely replaced the traditional sofa. This is due to the fact that, because of its shape and composition, it is capable of decorating the living room and complementing the style chosen for it. It is also a safe bet to relax at the end of the day.

Das Sofa *chaise longue*, das in den heutigen Wohnzimmern immer häufiger verwendet wird, hat das traditionelle Sofa fast vollständig ersetzt. Dies ist vor allem darauf zurückzuführen, dass es aufgrund seiner Form und Zusammensetzung in der Lage ist, das Wohnzimmer zu dekorieren und den für es gewählten Stil zu ergänzen. Es ist auch eine sichere Möglichkeit, sich am Ende des Tages zu entspannen, fernzusehen oder ein Buch zu lesen.

Le canapé *chaise longue*, de plus en plus courant dans les salons d'aujourd'hui, a presque entièrement remplacé le canapé traditionnel. Ceci est dû en grande partie au fait qu'en raison de sa forme et de sa composition, il est capable de décorer le salon et de compléter le style choisi pour lui. C'est aussi un pari sûr pour se détendre à la fin de la journée, en regardant la télévision ou en lisant un livre.

El sofá *chaise longue*, cada vez más habitual en los salones actuales, ha desbancado casi por completo al sofá tradicional. Esto se debe en gran medida a que en sí solo por su forma y composición, es capaz de decorar el salón y complementar el estilo escogido para ello. Es además una apuesta segura para relajarse al final del día, viendo la televisión o leyendo un libro.

design

HOME

The brick wall provides warmth and mixed with other materials helps to emphasizes the space. In this modern and sober interior, it is the small details that make the difference. On a neutral base the cushions decorate, bring colour, warmth, comfort and give life to the space.

Die Ziegelwand sorgt für Wärme und, vermischt mit anderen Materialien, unterstreicht den Raum. In diesem modernen und nüchternen Raum sind es die kleinen Details, die den Unterschied ausmachen. Auf einer neutralen Basis dekorieren die Kissen, bringen Farbe, Wärme, Komfort und beleben den Raum.

Le mur de briques apporte de la chaleur et, mélangé à d'autres matériaux, souligne l'espace. Dans cet espace moderne et sobre, ce sont les petits détails qui font la différence. Sur une base neutre, les coussins décorent, apportent couleur, chaleur, confort et donnent vie à l'espace.

La pared de ladrillo aporta calidez y, mezclada con el resto materiales, enfatiza el espacio. En este espacio moderno y sobrio, son los pequeños detalles los que marcan la diferencia. Sobre una base neutra los cojines decoran, aportan color, sensación de calidez, comodidad y dotan de vida el espacio.

Dining Rooms

The dining room is undoubtedly one of the most important spaces in the house. It is a meeting point for conversation and encounter. Formerly located in an independent room and reserved for special occasions, today the location of the dining rooms has become more flexible and, although there are dwellings where it is still conceived as an independent space, it is increasingly common to see it attached to the living room or kitchen. In many cases it has become a versatile space where, in addition to eating, it covers other functions such as working or studying.

The table is the heart of the dining room and family life. It is the main piece that acts as a focal point. It determines the choice of the rest of the furniture in the room. No less important is the choice of chairs. You can choose to combine chairs and table in the same style or look for two that contrast, because today, mixture is the trend and everything is valid as long as the whole is harmonious in colors and shapes. In addition to fitting the aesthetics of the dining room, the chair must be comfortable: an uncomfortable chair can ruin an evening. Choosing the right table, comfortable chairs, and accessories that represent our style is a good reflection of who we are and what the dynamics of our home are like.

Lighting also plays a key role in the dining room, where we enjoy pleasant, relaxed moments with friends and family. It should provide enough light to eat but should also be comfortable to spend a chatting evening. Aesthetics cannot be left aside either: you should look for lighting fixtures that match the decorative style. The range of possibilities is enormous, from sumptuous chandeliers, through industrial style lamps or LED lights integrated into the ceiling structure. Every choice is good as long as a balance is found between functionality and design.

Esszimmer

Das Esszimmer ist zweifellos einer der wichtigsten Räume im Haus. Es ist ein Treffpunkt für Gespräche und Begegnungen. Früher war es immer in einem separaten Raum untergebracht und für besondere Anlässe reserviert. Heute ist die Lage der Speisesäle jedoch flexibler geworden, und obwohl es Wohnungen gibt, in denen sie sich in einem unabhängigen Raum befinden, wird sie immer häufiger an das Wohnzimmer oder die Küche angeschlossen. In vielen Fällen ist es zu einem vielseitigen Raum geworden, indem es neben dem Essen auch andere Funktionen wie die Arbeit oder die Hausaufgaben der Kinder in der Schule abdeckt.

Der Tisch ist das Herzstück des Esszimmers und des Familienlebens. Er ist das Hauptwerk, das als Mittelpunkt dient, und in der Tat bestimmt er die Wahl der restlichen Möbel im Raum. Nicht weniger wichtig sind die Stühle: Die Tisch- und Esszimmerstühle müssen verstanden werden. Sie können wählen, ob Sie Stühle und Tisch im gleichen Stil kombinieren oder nach zweien suchen, die kontrastieren, denn heute boomt die Mischung und alles ist gültig, solange das Ganze in Farben und Formen harmonisch ist. Aber nicht nur die Ästhetik des Esszimmers zählt – der Stuhl muss auch bequem sein: Ein unbequemer Stuhl kann einen Abend ruinieren. Die Wahl des richtigen Tisches, der bequemen Stühle und der Accessoires, die unseren Stil repräsentieren, ist sehr wichtig, denn sie spiegelt gut wider, wer wir sind und wie die Dynamik unseres Hauses ist.

Auch im Esszimmer spielt die Beleuchtung eine wichtige Rolle, wo wir angenehme, entspannte Momente mit Freunden und Familie genießen. Es sollte genügend Licht zum Essen bieten, aber auch bequem für einen abendlichen Plausch oder eine Tafel sein. Auch die Ästhetik darf nicht zu kurz kommen: Sie sollten nach Leuchten suchen, die zum Dekorationsstil passen. Die Bandbreite der Möglichkeiten ist enorm, von üppigen Kronleuchtern über industriell gefertigte Leuchten bis hin zu in die Deckenkonstruktion integrierten LED-Leuchten. Jede Wahl ist gut, solange ein Gleichgewicht zwischen Funktionalität und Design gefunden wird.

Salles à manger

La salle à manger est sans aucun doute l'un des espaces les plus importants de la maison. C'est un point de rencontre pour la conversation et les rencontres. Autrefois, elle était toujours située dans une pièce indépendante et réservée pour les occasions spéciales. Cependant, aujourd'hui, l'emplacement des salles à manger est devenu plus flexible et, bien qu'il y ait des logements où elle est située dans un espace indépendant, il est de plus en plus fréquent de la voir attachée au salon ou à la cuisine. Dans de nombreux cas, c'est devenu un espace polyvalent où, en plus de manger, elle couvre d'autres fonctions comme espace de travail ou de devoirs pour les enfants.

La table est le cœur de la salle à manger et de la vie familiale. C'est la pièce principale qui sert de point focal et, en fait, c'est elle qui détermine le choix du reste du mobilier de la pièce. Le choix des chaises n'est pas moins important : la table et les chaises de la salle à manger doivent être comprises. Vous pouvez choisir de combiner des chaises et une table dans le même style ou en chercher deux qui contrastent ; car aujourd'hui, le mélange est en plein essor et tout est valable tant que l'ensemble est harmonieux en couleurs et en formes. Mais, en plus de s'adapter à l'esthétique de la salle à manger, les chaisesdoivent être confortables : une chaiseinconfortable peut gâcher une soirée. Choisir la bonne table, des chaises confortables et les accessoires qui représentent son style est très important, parce qu'ils reflètent qui nous sommes et la dynamique de notre maison.

L'éclairage joue également un rôle clé dans la salle à manger, où nous profitons de moments agréables et détendus entre amis et en famille. Il devrait fournir assez de lumière pour manger mais devrait aussi être confortable pour passer une soirée à bavarder ou à table. L'esthétique ne peut pas non plus être laissée de côté : il faut rechercher des luminaires qui s'harmonisent avec le style décoratif. L'éventail des possibilités est énorme : de somptueux lustres, en passant par les lampes de style industriel ou les luminaires LED intégrés dans la structure du plafond. Chaque choix est bon tant qu'un équilibre est trouvé entre fonctionnalité et design.

Comedores

El comedor es, sin duda, uno de los espacios de la casa más importantes. Es un punto de reunión, de conversación y encuentro. Antiguamente estaba siempre ubicado en una estancia independiente y reservado para ocasiones especiales. Sin embargo, hoy en día la ubicación de los comedores se ha flexibilizado y, aunque hay viviendas donde se ubica en un espacio independiente, cada vez es más habitual verlo unido al salón o a la cocina. Se ha convertido en muchos casos en un espacio versátil donde, además de comer, cubre otras funciones como trabajar o hacer los niños los deberes del colegio.

La mesa es el corazón del comedor y de la vida familiar. Es la pieza protagonista que actúa como punto focal y, de hecho, su elección condiciona la del resto del mobiliario de la estancia. No menos importante es la elección de las sillas: la mesa y las sillas del comedor están obligadas a entenderse. Se puede optar por combinar sillas y mesa en el mismo estilo o buscar dos que contrasten, porque, hoy en día, la mezcla está en auge y todo es válido mientras el conjunto resulte armonioso en colores y formas. Pero, además de encajar en la estética del comedor, la silla debe ser cómoda: una silla incómoda puede arruinar una velada. Elegir la mesa adecuada, sillas cómodas, y accesorios que representen nuestro estilo es muy importante, porque es un buen reflejo de quiénes somos y cómo es la dinámica en nuestras casa.

La iluminación también juega un papel clave en el comedor ya que en él disfrutamos de ratos agradables, relajados entre amigos y familia. Debe aportar la luz suficiente para comer pero también ha de ser cómoda para pasar una velada charlando o en una sobremesa. Tampoco se puede dejar de lado la estética: se deben buscar accesorios de iluminación que vayan acordes con el estilo decorativo. El abanico de posibilidades es enorme, desde unas suntuosas lámparas de araña, pasando por lámparas estilo *vintage* industrial o luces de LED integradas en la estructura del techo. Toda opción es buena siempre que se encuentre un equilibrio entre funcionalidad y diseño.

To counteract the coldness and austerity of the concrete in the walls and floor, a table has been chosen with a wooden structure that provides warmth. The green of the chairs and plant breaks with the chromatic uniformity that dominates the atmosphere.

Um der Kälte und Strenge des Betons in den Wänden und im Boden entgegenzuwirken, wurde ein Tisch mit einer Holzstruktur gewählt, die Wärme liefert. Das Grün der Stühle sowie der Pflanze und der Mitte des Tisches bricht mit der chromatischen Einheitlichkeit, die die Umgebung dominiert und ihr Leben einhaucht.

Pour contrer la froideur et l'austérité du béton dans les murs et le plancher, une table avec une structure en bois qui procure de la chaleur a été choisie. Le vert des chaises ainsi que de la plante et du centre de la table rompt avec l'uniformité chromatique qui domine l'environnement et donne vie à ce dernier.

Para contrarrestar la frialdad y austeridad del hormigón de las paredes y el suelo, se ha escogido una mesa con estructura de madera que aporta calidez. El verde de las sillas así como de la planta y del centro de mesa rompe con la uniformidad cromática que domina el ambiente y le da vida.

A central module of shelves has a triple function: it is a library, an exhibitor of decorative objects and a divider of the space, as it separates the dining area from the kitchen without losing communication and the spatial continuity between the two rooms.

Das Zentralmodul der Regale hat eine dreifache Funktion: Es ist eine Bibliothek, ein Aussteller von Dekorationsobjekten und ein Raumteiler, da es den Essbereich von der Küche trennt, ohne die Kommunikation und die räumliche Kontinuität zwischen den beiden Räumen zu beeinträchtigen.

Le module central d'étagères a une triple fonction : c'est une bibliothèque, un exposant d'objets décoratifs et un diviseur de l'espace, car il sépare la salle à manger de la cuisine sans perdre la communication et la continuité spatiale entre les deux pièces.

El módulo central de estanterías tiene una triple función: es biblioteca, expositor de objetos de decoración y divisor del espacio, ya que separa la zona de comedor de la cocina sin que se pierda la comunicación y la continuidad espacial entra ambas estancias.

A dining room is more practical when opened to the living room. However, as independent space it may be essential on special occassions. T leather upholstered armchairs fit perfectly in this dining room as spacious and welcoming as elegant and sophisticated.

Obwohl ein Esszimmer praktischer zum Wohnzimmer hin offen ist, ist es ein Luxus, einen eigenen Raum zu haben und es darin unterzubringen, was ihm eine Kategorie verleiht, gerade bei besonderen Anlässen. Die lederbezogenen Sessel passen perfekt in dieses Esszimmer, das so geräumig und einladend wie elegant und anspruchsvoll ist.

Bien qu'une salle à manger soit plus pratique et ouverte sur le salon, c'est un luxe d'avoir un espace indépendant et de l'y placer, ce qui lui donne une catégorie à part, surtout pour les occasions spéciales. Les fauteuils rembourrés en cuir s'intègrent parfaitement dans cette salle à manger aussi spacieuse et accueillante qu'élégante et sophistiquée.

Aunque un comedor sea más práctico abierto al salón, es un lujo disponer de un espacio independiente y ubicarlo en él, aportándole categoría, sobre todo en las ocasiones especiales. Las butacas tapizadas en cuero encajan a la perfección en este comedor tan amplio y acogedor como elegante y sofisticado.

Placing the dining table next to the exit of the terrace is a wise decision. Natural light brings positive energy to the environment as well as being a great energy saver.

Den Esstisch neben den Ausgang zur Terrasse zu stellen ist eine kluge Entscheidung. Natürliches Licht bringt Vitalität und positive Energie in die Umwelt und ist ein großer Energiesparer.

Placer la table à manger à côté de la sortie de la terrasse est une sage décision. La lumière naturelle apporte vitalité et énergie positive à l'environnement en plus d'être une grande source d'économie d'énergie.

Colocar la mesa de comedor junto a la salida de la terraza es una decisión acertada. La luz natural aporta vitalidad y energía positiva al ambiente además de suponer un gran ahorro energético.

6

Sharing materials or colors is a great way to combine the dining table and chairs. Here, they share white and wood, creating a harmonious and visually highly integrated whole.

Das Teilen von Materialien oder Farben ist eine gute Möglichkeit, den Esstisch und die Stühle zu kombinieren. Hier teilen sich Weiß und Holz und bilden ein harmonisches und optisch hoch integriertes Ganzes.

Partager les matériaux ou les couleurs est une excellente façon de combiner la table et les chaises. Ici, ils partagent le blanc et le bois, créant un ensemble harmonieux et visuellement très intégré.

Compartir materiales o colores es una manera de acertar a la hora de combinar la mesa del comedor y las sillas. Aquí, comparten el blanco y la madera, lo que crea un conjunto armónico y visualmente muy integrado.

This dining room follows the guidelines set by the Nordic style: dynamic and spacious environment without unnecessary artifice to break the harmony achieved. Practicality prevails over aesthetics. Few pieces combined with sense.

Dieser Speisesaal folgt den Richtlinien des nordischen Stils: dynamische und geräumige Umgebung ohne unnötige Kunstgriffe, um die erreichte Harmonie zu durchbrechen. Praktische Aspekte haben Vorrang vor ästhetischen. Wenige Stücke, aber mit Sinn.

Cette salle à manger suit les directives établies par le style nordique : un environnement dynamique et spacieux sans artifice inutile pour rompre avec l'harmonie obtenue. La praticité l'emporte sur l'esthétique. Peu de pièces mais avec bon sens.

Este comedor sigue las pautas que marca el estilo nórdico: ambiente dinámico y espacioso sin artificios innecesarios que rompan la armonía lograda. Lo práctico se impone a lo estético. Pocas piezas pero con sentido.

Mixing different decorative styles is a trend that seems to have come to stay. This dining room of industrial essence, with modern details is a good example that the mix enriches and creates personal and unique spaces.

Das Mischen verschiedener Dekorationsstile ist ein Trend, der zu bleiben scheint. Und dieses Esszimmer von industrieller Bedeutung mit modernen Details wie der Lampe ist ein gutes Beispiel dafür, dass die Mischung persönliche und einzigartige Räume bereichert und schafft.

Le mélange de différents styles décoratifs est une tendance qui semble s'être maintenue. Et cette salle à manger, d'essence industrielle, avec des détails modernes comme la lampe est un bon exemple que le mélange enrichit et crée des espaces personnels et uniques.

Mezclar diferentes estilos decorativos es una tendencia que parece que ha venido para quedarse. Y este comedor, de esencia industrial, con detalles modernos como la lámpara de es un buen ejemplo de que la mezcla enriquece y crea espacios personales y singulares.

Kitchens

Years ago, the kitchens were located in the innermost rooms of the house, without light, far from the entrance and hidden from visitors. Over time, however, the role of a kitchen in a home has changed radically. The kitchen is no longer just the place to cook our favorite dishes. Today, the kitchen has become a functional, indeed multifunctional space, changing its reality for that of a living room. Comfortable, modern and multifunctional, the kitchen today is much more: in addition to cooking, in it we receive guests, we drink while we cook, the youngest do their homework in it... In short, we live in it.

In many cases, the current kitchen opens up to the rest of the house, so that they can install furniture with functional and decorative designs that ensure ingenious continuity between rooms. On the other hand, the kitchen island acquires a fundamental role due to its multiple functions: working area, storage, eating bar and finally as a space separator.

Given the prominence that the kitchen has acquired in recent decades, the search for natural light is paramount today. In modern dwellings they are located in areas with large windows, and in the old ones, many with a lack of light, when remodelling them alternative options are sought such as opening it to the living room, installing glass enclosures that allow the passage of light from other rooms or building skylights.

Modern kitchens are a fusion of technology and design. Durable and resistant surfaces such as mineral composites and high-tech plastics are combined with wood or natural stone cladding to create perfectly balanced compositions. The choice depends not only on the practicality, but also on the aesthetics you want to achieve. The choice of materials and styles is endless, but the key thing is to maintain coherence with the rest of our home and give it our personality.

Küchen

Vor Jahren befanden sich die Küchen in den innersten Räumen des Hauses, ohne Licht, weit vom Eingang entfernt und vor Besuchern verborgen. Im Laufe der Zeit hat sich die Rolle der Küche in einem Haus jedoch grundlegend verändert. Die Küche ist nicht mehr nur der Ort, an dem wir unsere Lieblingsgerichte zubereiten. Heute ist die Küche zu einem funktionalen, ja multifunktionalen Raum geworden und verändert ihre Realität in Richtung Wohnzimmer. Bequem, modern und multifunktional, die Küche ist heute viel mehr: Wenn wir Gäste empfangen, nehmen wir den Aperitif, während wir kochen; die Jüngsten machen ihre Hausaufgaben darin... Kurz gesagt, wir leben in ihr.

In vielen Fällen öffnet sich die heutige Küche zum Rest des Hauses, sodass sie Möbel mit funktionalen und dekorativen Designs aufnehmen kann, die eine geniale Kontinuität zwischen den Räumen gewährleisten. Andererseits gewinnt die Kücheninsel durch ihre vielfältigen Funktionen eine grundlegende Rolle: Arbeitsbereich, Stauraum, Essbar und schließlich als Raumteiler.

Angesichts der Bedeutung, die die Küche in den letzten Jahrzehnten erlangt hat, ist die Suche nach natürlichem Licht heute in diesem Raum von größter Bedeutung. In modernen Wohnungen befinden sie sich in Bereichen mit großen Fenstern. In den alten Wohnungen, viele mit Lichtmangel, werden, wenn sie umgebaut werden, alternative Optionen gesucht, wie z.B. die Öffnung zum Wohnzimmer, die Installation von Glasgehäusen, die den Durchgang von Licht aus anderen Räumen ermöglichen, oder die Installation von Oberlichtern.

Moderne Küchen sind eine Verschmelzung von Technik und Design. Langlebige und widerstandsfähige Oberflächen wie Mineralverbundwerkstoffe und Hightech-Kunststoffe werden mit Holz- oder Natursteinverkleidungen zu perfekt aufeinander abgestimmten Kompositionen gruppiert. Die Wahl hängt nicht nur von der Zweckmäßigkeit ab, sondern auch von der Ästhetik, die man erreichen will. Die Auswahl an Materialien und Stilen ist endlos, aber das Wichtigste ist, die Kohärenz mit dem Rest unseres Hauses zu erhalten und ihm unsere Persönlichkeit zu verleihen.

Cuisines

Il y a des années, les cuisines étaient situées dans les pièces les plus intérieures de la maison, sans lumière, loin de l'entrée et cachées des visiteurs. Avec le temps, cependant, le rôle d'une cuisine dans une maison a radicalement changé. La cuisine n'est plus seulement l'endroit où cuisiner nos plats préférés. Aujourd'hui, la cuisine est devenue un espace fonctionnel, voire multifonctionnel, changeant sa réalité pour celle d'un salon. Confortable, moderne et multifonctionnelle, la cuisine d'aujourd'hui est bien plus que cela : en plus de cuisiner, nous y recevons nos hôtes, nous y prenons l'apéritif pendant que nous cuisinons, les plus petits y font leurs devoirs... En bref, nous y vivons.

Dans de nombreux cas, la cuisine actuelle s'ouvre sur le reste de la maison, de sorte que puissent être installés des meubles aux designs fonctionnels et décoratifs qui assurent une continuité ingénieuse entre les pièces. D'autre part, l'îlot de cuisine acquiert un rôle fondamental en raison de ses multiples fonctions : espace de travail, rangement, bar à manger et enfin comme séparateur d'espace.

Compte tenu de l'importance que la cuisine a acquise au cours des dernières décennies, la recherche de la lumière naturelle est aujourd'hui primordiale dans cette pièce. Dans les habitations modernes, elle est située dans des zones avec de grandes fenêtres et, dans les anciennes, dont beaucoup manquent de lumière, lorsqu'il s'agit de les remodeler, on cherche d'autres options comme l'ouvrir sur le salon, installer des enceintes vitrées qui permettent le passage de la lumière à partir d'autres pièces ou construire des lucarnes.

Les cuisines modernes sont une fusion de technologie et de design. Des surfaces durables et résistantes, telles que les composites minéraux et les plastiques de haute technologie, sont associées à des revêtements en bois ou en pierre naturelle pour créer des compositions parfaitement équilibrées. Le choix ne dépend pas seulement de l'aspect pratique, mais aussi de l'esthétique que vous souhaitez obtenir. Le choix des matériaux et des styles est infini, mais l'important est de maintenir une cohérence avec le reste de notre maison et de lui donner notre personnalité.

Cocinas

Años atrás, las cocinas estaban ubicadas en los cuartos más recónditos de la casa, sin luz, alejadas de la entrada y escondidas de las visitas. Sin embargo, con el tiempo, el rol que desempeña una cocina en una vivienda ha cambiado radicalmente. La cocina ya no es solo el lugar en el que cocinar nuestros platos favoritos. Hoy la cocina se ha convertido en un espacio funcional, más aún, multifuncional, cambiando su realidad por la de una sala de estar. Cómoda, moderna y multifuncional, la cocina es hoy mucho más: además de cocinar, en ella recibimos a los invitados, tomamos el aperitivo mientras cocinamos, los más pequeños hacen en ella sus deberes... En resumen, vivimos en ella.

La cocina actual se abre en muchos casos al resto de la casa para ellos se instalan muebles con diseños funcionales y decorativos que aseguran una continuidad ingeniosa entre estancias. Por otro lado, la isla de la cocina adquiere un papel fundamental por sus múltiples funciones: zona de trabajo, de almacenamiento, barra para comer y por último como separador de espacios.

Dado el protagonismo que ha adquirido la cocina en las últimas décadas, la búsqueda de la luz natural es primordial hoy en día en esta estancia. En las viviendas modernas se sitúan en zonas con grandes ventanales, y en las antiguas, muchas con falta de luz, a la hora de remodelarlas se buscan opciones alternativas como abrirla a la sala de estar, instalar cerramientos de cristal que permiten el paso de la luz de otras estancias o construir claraboyas.

Las cocinas modernas son una fusión de tecnología y diseño. Superficies duraderas y resistentes como compuestos minerales y plásticos de alta tecnología se combinan con maderas o revestimientos de piedras naturales para crear composiciones perfectamente equilibradas. La elección dependerá, además de la practicidad, de la estética que se quiera conseguir. Las opciones de materiales y de estilos es infinita, pero lo importante es mantener una coherencia con el resto de nuestra vivienda y dotarla de nuestra personalidad.

Red is an intense, vibrant and bold colour. Used in the furniture of this kitchen, on an essentially white base, it breaks with the coldness of space providing warmth while creating a cheerful atmosphere that distills life and positive energy.

Rot ist eine intensive, lebendige und kräftige Farbe. Verwendet in den Möbeln dieser Küche, auf einem im Wesentlichen weißen Sockel, bricht sie mit der Kälte des Raumes, der Wärme liefert, und schafft eine fröhliche Atmosphäre, die Leben und positive Energie destilliert.

Le rouge est une couleur intense, vibrante et audacieuse. Utilisé dans le mobilier de cette cuisine, sur un fond essentiellement blanc, il rompt avec la froideur de l'espace en apportant de la chaleur tout en créant une ambiance joyeuse qui distille vie et énergie positive.

El rojo es un color intenso, vibrante y atrevido. Empleado en el mobiliario de esta cocina, sobre una base esencialmente blanca, rompe con la frialdad del espacio aportando calidez a la vez que crea un ambiente alegre que destila vida y energía positiva.

The large windows that flank the kitchen flood the space with light at the same time that, as if it were a painting, they frame a landscape that serves as a note of colour for a background with an absolute predominance of neutral tones.

Die großen Fenster, die die Küche flankieren, durchfluten den Raum mit Licht, während sie gleichzeitig wie ein Gemälde eine Landschaft umrahmen, die als Farbakzent für einen Hintergrund mit absoluter Überlegenheit neutraler Töne dient.

Les grandes fenêtres qui flanquent la cuisine inondent l'espace de lumière en même temps, comme s'il s'agissait d'un tableau, qu'elles encadrent un paysage qui sert de note de couleur pour un fond à dominante absolue de tons neutres.

Los grandes ventanales que flanquean la cocina inundan de luz el espacio a la vez que, como si de un cuadro se tratara, enmarcan un paisaje que sirve como nota de color para un fondo con predominio absoluto de los tonos neutros.

The exposed brick wall adds personality to the room and creates an attractive chromatic and textural contrast with the bright grey polished surface of the cabinet set. The use of stainless steel in the extractor hood is interesting, it reflects light adding an industrial touch to the whole.

Die Sichtziegelwand verleiht dem Raum Persönlichkeit und bildet einen attraktiven farblichen und strukturellen Kontrast zur hellgrau polierten Oberfläche des Schranksets. Die Verwendung von Edelstahl in der Dunstabzugshaube ist interessant, weil er Licht reflektieren kann und dem Ganzen einen industriellen Touch verleiht.

Le mur en briques apparentes ajoute de la personnalité à la pièce et crée un contraste chromatique et textural attrayant avec la surface brillante et polie de l'ensemble de meubles. L'utilisation de l'acier inoxydable dans la hotte aspirante est intéressante en raison de sa capacité à réfléchir la lumière et parce qu'il ajoute une touche industrielle à l'ensemble.

La pared de ladrillo visto aporta personalidad al ambiente, además crea un atractivo contraste cromático y de texturas con la superficie pulida gris brillante del conjunto de armarios. Resulta interesante el empleo de acero inoxidable en la campana extractora por la capacidad de reflejar luz que posee y porque aporta un toque industrial al conjunto.

Scandinavian-style kitchens are a perfect combination of form and functionality; they are practical and simple, but at the same time, following the principles of hygge Danish, they are warm and welcoming. The commitment to white favours the fusion between furniture and walls that maximises spatial perception.

Skandinavische Küchen sind eine perfekte Kombination aus Form und Funktionalität; sie sind praktisch und einfach, aber gleichzeitig sind sie nach den Prinzipien von Hygge dänisch warm und einladend. Das Engagement für Weiß begünstigt die Verschmelzung von Möbeln und Wänden, die die Raumwahrnehmung maximiert.

Les cuisines de style scandinave sont une combinaison parfaite de forme et de fonctionnalité ; elles sont pratiques et simples, mais en même temps, suivant les principes du « hygge » danois, elles sont chaleureuses et chaleureuses. Le choix du blanc favorise la fusion entre le mobilier et les murs qui maximise la perception spatiale.

Las cocinas de estilo escandinavo, son una combinación perfecta de forma y funcionalidad; son prácticas y sencillas, pero a la vez, siguiendo los principios del *hygge* danés, son cálidas y acogedoras. La apuesta por el blanco propicia la fusión entre mobiliario y paredes que maximiza la percepción espacial.

Coffee
time

Staircases

The stairs, in addition to the obvious function of communicating different levels of the dwelling, were formerly a sign of a family's social status and also a highly recognised design element. In fact, it is one of the oldest architectural elements, already existing in the first known constructions on record.

Classic, rustic, minimalist; made of marble, aluminium, wood, glass, concrete... the truth is that the staircase, which has a functional role, can become an almost sculptural element of the building, and designers and architects put special emphasis on them with increasingly avant-garde shapes and handrails.

But even more important than aesthetics is safety. Staircases must be designed according to standards to offer comfort for the user, in terms of the dimensions of steps, landings, heights and handrails, and to ensure support, resistance and stability to avoid accidents.

Once the function that it is going to play has been defined, when designing the stairs of a home, the form that best fits the available space and our lifestyle must be chosen; we must balance our personal preferences with our family situation. The safety of children and the elderly is a detail to bear in mind.

Finally, choose finishes: materials such as marble, stone, steel, glass or wood are the most common in interior staircases. The finishes of the rooms annexed to the staircase must be taken into account and a covering must be chosen that harmonises with them, or create a contrast. Any option is good as long as there is coherence in the decorative style of all the elements of the house.

Treppengänge

Die Treppe war neben der offensichtlichen Funktion, verschiedene Ebenen der Wohnung zu kommunizieren, früher ein Zeichen für den sozialen Status einer Familie und ein hoch anerkanntes Gestaltungselement. Tatsächlich ist es eines der ältesten architektonischen Elemente, das bereits in den ersten bekannten Bauten vorhanden ist.

Klassisch, rustikal, minimalistisch; aus Marmor, Aluminium, Holz, Glas, Beton ... Die Wahrheit ist, dass die Treppe, die eine funktionale Rolle spielt, zu einem fast skulpturalen Element des Gebäudes werden kann, und Designer und Architekten legen mit zunehmend avantgardistischen Formen und Geländern besonderen Wert darauf. Aber noch wichtiger als die Ästhetik ist die Sicherheit. Die Treppen müssen nach den Normen entworfen werden, um Komfort und Bequemlichkeit für den Benutzer in Bezug auf die Abmessungen von Stufen, Podesten, Höhen und Handläufen zu bieten und Unterstützung, Widerstand und Stabilität zu gewährleisten, um Unfälle zu vermeiden.

Ist die Funktion, die sie leisten soll, einmal definiert, muss bei der Gestaltung der Treppe eines Hauses die Form gewählt werden, die am besten zu den Räumlichkeiten und unserem Lebensstil passt; wir müssen unsere persönlichen Präferenzen mit unserer Familiensituation in Einklang bringen. Die Sicherheit von Kindern und älteren Menschen ist ein Detail, das man beachten sollte.

Wählen Sie schließlich die Oberflächen: Materialien wie Marmor, Stein, Stahl, Glas oder Holz sind die häufigsten in Innentreppenhäusern. Die Oberflächen der an die Treppe angrenzenden Räume sind zu berücksichtigen und es ist eine Verkleidung zu wählen, die mit ihnen harmoniert oder einen Kontrast schafft. Jede Option ist gut, solange es Kohärenz im dekorativen Stil aller Elemente des Hauses gibt.

Escaliers

L'escalier, en plus de la fonction évidente de communication entre les différents niveaux de l'habitation, était autrefois un signe du statut social de la famille et un élément de design hautement reconnu. En fait, il s'agit d'un des éléments architecturaux les plus anciens, déjà présents dans les premières constructions connues à ce jour.

Classique, rustique, minimaliste, en marbre, aluminium, bois, verre, béton... La vérité est que l'escalier, qui a un rôle fonctionnel, peut devenir un élément presque sculptural du bâtiment, et les designeurs et architectes y accordent une importance particulière avec des formes et des mains courantes de plus en plus avant-gardistes.

Mais la sécurité est encore plus importante que l'esthétique. Les escaliers doivent être conçus conformément aux normes pour offrir confort à l'utilisateur, en termes de dimensions des marches, paliers, hauteurs et mains courantes, et pour assurer soutien, résistance et stabilité afin d'éviter tout accident.

A l'étape de la conception de l'escalier d'une maison, et une fois que la fonction qu'il va jouer a été définie, il faut choisir la forme qui correspond le mieux à l'espace disponible et à notre style de vie ; nous devons équilibrer nos préférences personnelles avec notre situation familiale. La sécurité des enfants et des personnes âgées est à prendre en compte.

Enfin, choisissez les finitions : les matériaux tels que le marbre, la pierre, l'acier, le verre ou le bois sont les plus courants dans les escaliers intérieurs. Les finitions des pièces annexées à l'escalier doivent être prises en compte et il faut choisir un revêtement qui s'harmonise avec elles, ou crée un contraste. Toute option est bonne tant qu'il y a cohérence dans le style décoratif de tous les éléments de la maison.

Escaleras

Las escaleras, además de la función obvia de comunicar distintos niveles de la vivienda, eran antiguamente signo de estatus social de una familia y además un elemento de diseño muy reconocido. De hecho, es uno de los elementos arquitectónicos más antiguos, existiendo ya en las primeras construcciones conocidas de que se tiene registro.

Clásicas, rústicas, minimalistas; de mármol, aluminio, madera, cristal, hormigón…lo cierto es que la escalera, que tiene un papel funcional, puede convertirse en un elemento casi escultural de la edificación, y los diseñadores y arquitectos ponen especial empeño en ellas con formas y barandillas cada vez más vanguardistas.

Pero, aún más importante que la estética es la seguridad. Las escaleras se deben diseñar de acuerdo a unas normas para ofrecer un confort y comodidad para el usuario, en cuanto a dimensiones de peldaños, descansillos, alturas y barandillas, y para asegurar una sujeción, resistencia y estabilidad que evite cualquier accidente.

Una vez definida la función que va a desempeñar, a la hora de diseñar las escaleras de una vivienda se debe elegir la forma que mejor encaje en el espacio disponible y en nuestro estilo de vida; debemos equilibrar nuestras preferencias personales con nuestra situación familiar. La seguridad de niños y personas mayores es un detalle a tener muy presente.

Por último, escoger acabados: materiales como mármol, piedra, acero, vidrio o madera son los más habituales en escaleras de interior. Se deben tener en cuenta los acabados de las estancias anexas a la escalera y elegir un revestimiento que armonice con ellos, o bien crear un contraste. Cualquier opción es buena siempre que exista coherencia en el estilo decorativo de todos los elementos de la casa.

The floating staircase expands the visual space of the dwelling, as it lightens its structure, provides greater luminosity and offers plays of light and shade to the area. The glass handrails serve as a protection and at the same time maintain the sensation of spaciousness. A structure with an impeccable design without renouncing to security.

Die schwebende Treppe erweitert den Sichtbereich der Wohnung, da sie ihre Struktur aufhellt, für mehr Leuchtkraft sorgt und dem Raum Licht- und Schattenspiele bietet. Die Glasgeländer dienen als „Geländer" und erhalten gleichzeitig das Gefühl der Geräumigkeit, wenn es darum geht, eine Konstruktion mit einwandfreiem Design zu schaffen, ohne jedoch auf ihre Sicherheit zu verzichten.

L'escalier flottant élargit l'espace visuel de l'habitation, en éclairant sa structure, en apportant une plus grande luminosité et en offrant des jeux d'ombre et de lumière à l'espace. Les mains courantes en verre servent de « garde-corps » tout en conservant la sensation d'espace lorsque l'on veut une structure au design impeccable, mais sans renoncer à sa sécurité.

La escalera flotante amplía el espacio visual de la vivienda, ya que aligera su estructura, aporta una mayor luminosidad y ofrece juegos de luces y sombras a la zona. Las barandillas de cristal sirven de «quitamiedo» y al mismo tiempo mantienen la sensación de amplitud cuando lo que se quiere es una estructura de diseño impecable, pero sin renunciar a su seguridad.

The spectacular design of the metal and glass structure in which the wooden steps are inserted also serves to delimit the entrance area of the house providing a certain privacy without sacrificing spatial continuity and the entry of natural light.

Die spektakuläre Gestaltung der Metall- und Glaskonstruktion, in die die Holztreppen eingesetzt werden, dient auch dazu, den Eingangsbereich des Hauses abzugrenzen und bietet eine gewisse Privatsphäre, ohne die räumliche Kontinuität und den Eintritt von natürlichem Licht zu beeinträchtigen.

La conception spectaculaire de la structure métallique et vitrée dans laquelle les marches en bois sont insérées permet également de délimiter la zone d'entrée de la maison, offrant une certaine intimité sans sacrifier la continuité spatiale et l'entrée de la lumière naturelle.

El espectacular diseño de la estructura de metal y cristal en la que se insertan los peldaños de madera sirve además para acotar la zona de entrada de la vivienda, aportando una cierta privacidad sin sacrificar la continuidad espacial y la entrada de luz natural.

The design with central metal stringer has the advantage that the steps do not need any lateral fixation. Thus, the supporting wall is made of glass, which allows an absolute visual connection with the exterior and guarantees a great light entry.

Die Ausführung mit zentralem Metallsteg hat den Vorteil, dass die Stufen keine seitliche Fixierung benötigen. So ist die Stützwand aus Glas, was eine absolute optische Verbindung nach außen ermöglicht und einen guten Lichteinfall garantiert.

La conception avec limon métallique central présente l'avantage que les marches n'ont pas besoin de fixation latérale. Ainsi, le mur porteur est en verre, ce qui permet une connexion visuelle absolue avec l'extérieur et garantit une grande entrée de lumière.

El diseño con zanca central de metal tiene la ventaja de que los peldaños no necesitan ninguna fijación lateral. Así, la pared que sirve como apoyo es de cristal, lo cual permite una conexión visual absoluta con el exterior y garantiza una gran entrada de luz.

On many occasions, the stairs become a sculptural piece, the main axis of the dwelling. Its location, design and contrast of materials used make this spiral staircase with a wooden soul the real focal point of the room.

Oftmals wird die Treppe zu einem skulpturalen Stück und zur Hauptachse der Behausung. Die Lage, das Design und der Kontrast der verwendeten Materialien machen diese Wendeltreppe mit einer Holzseele zum wahren Mittelpunkt dieses Raumes.

En de nombreuses occasions, l'escalier devient une pièce sculpturale et devient l'axe principal de l'habitation. Son emplacement, son design et le contraste des matériaux utilisés font de cet escalier en colimaçon à l'âme de bois le véritable point focal de cette pièce.

En muchas ocasiones, las escaleras se convierten en una pieza escultórica y pasan a ser el eje principal de la vivienda. Su ubicación, su diseño y el contraste de materiales empleados hacen de esta escalera de caracol con alma de madera el auténtico punto focal de esta sala.

To maximize available space, the staircase design allows to take advantage of the space available underneath to install the kitchen island and a bar for breakfast or an informal meals. By repeating the palette of materials the integration of the staircase into the environment is absolute.

Um den verfügbaren Platz zu maximieren, ermöglicht das Treppenhausdesign es Ihnen, den verfügbaren Platz zu nutzen, um die Kücheninsel und eine Bar zum Frühstück oder eine informelle Mahlzeit zu installieren. Durch die Wiederholung der Materialpalette ist die Integration der Treppe in die Umgebung absolut.

Pour maximiser l'espace disponible, la conception de l'escalier vous permet de profiter de l'espace en dessous pour installer l'îlot de cuisine et un bar pour le petit déjeuner ou un repas informel. En répétant la palette de matériaux, l'intégration de l'escalier dans l'environnement est absolue.

Para maximizar el espacio disponible, el diseño de la escalera permite aprovechar el espacio de debajo para instalar la isla de la cocina y una barra para desayunar o para una comida informal. Al repetirse la paleta de materiales, la integración de la escalera en el entorno es absoluta.

The handrail and the base of the staircase draw a sinuous and very solid shape that creates an interesting contrast with the lightness of the steel handrail. The handrail and wooden steps add warmth to the interior.

Der Arbeitshandlauf und der Sockel der Treppe zeichnen eine kurvenreiche und sehr solide Form, die einen interessanten Kontrast zur Leichtigkeit des Stahlhandlaufs bildet. Der Handlauf und die Holztreppe geben dem Ensemble Wärme.

La main courante de travail et la base de l'escalier dessinent une forme sinueuse et très solide qui crée un contraste intéressant avec la légèreté de la main courante en acier. La main courante et les marches en bois ajoutent de la chaleur à l'ensemble.

La barandilla de obra y la base de la escalera dibujan una forma sinuosa y muy sólida que crea un interesante contraste con la ligereza de la barandilla de acero. El pasamanos y los peldaños de madera añaden calidez al conjunto.

Home Offices

The incredible advance of telecommunications in the last decade has meant a major change in work habits. Today we can be permanently connected without the need to be physically close. Therefore, the alternative of having the office at home, away from the impersonal and busy offices of companies is increasingly common. Reserving a corner of the house to work is a very common reality in modern housing.

Ideally, the office should be located in a room where we can be quiet and away from the usual noise, so that our concentration is not affected. But since this is not always possible and you may have to go to a room such as the living room, bedroom or dining room, the first thing to value is that it is as quiet as possible.

Lighting plays a key role in creating a healthy working environment. Better lighting will help us work better, especially when it comes to taking advantage of natural light. If possible, place the work table next to the window, this will help us to create a feeling of well-being. But natural light alone is not enough and adequate artificial light is also needed to prevent fatigue or poor performance.

Today, in addition to seeking functionality, modern workspaces bet on design and find their own style through decoration. They are spaces that define our personality through a selection of pieces and objects that speak of us and our work. The image of a dark and functional office has been left behind, giving way to spaces full of clarity and impregnated with our essence.

Office furniture has also been evolving: light tables with simple and pure lines and innovative materials such as resins, steel, DM or glass leave behind the classic designs of dark varnished wood. For the chairs we are looking for comfortable and ergonomic designs that guarantee the care of our back.

Whether you work in a separate office, in a corner of the bedroom or under the stairwell, the fundamental thing is that this space is pleasant and has objects that define us. It has been shown that working in a pleasant environment improves concentration and consequently productivity.

Häusliches Büro

Der unglaubliche Fortschritt der Telekommunikation in den letzten zehn Jahren hat zu einer großen Veränderung der Arbeitsgewohnheiten geführt. Heute können wir dauerhaft verbunden sein, ohne dass wir physisch in der Nähe sein müssen. Daher wird die Alternative, das Büro zu Hause zu haben, weg von den unpersönlichen und geschäftigen Büros von Unternehmen, immer häufiger. Die Reservierung einer Ecke des Hauses für die Arbeit ist eine sehr häufige Realität im modernen Wohnbau.

Im Idealfall sollte sich das Büro in einem Raum befinden, in dem wir ruhig und abseits des üblichen Lärms sein können, so dass unsere Konzentration nicht beeinträchtigt wird. Da dies aber nicht immer möglich ist und man zum Arbeiten in ein Zimmer wie das Wohn-, Schlaf- oder Esszimmer gehen muss, ist es wichtig, dass es so ruhig wie möglich ist.

Die Beleuchtung spielt eine Schlüsselrolle bei der Schaffung eines gesunden Arbeitsumfeldes. Bessere Beleuchtung hilft uns, besser zu arbeiten, insbesondere, wenn natürliches Licht genutzt wird. Stellen Sie den Arbeitstisch nach Möglichkeit neben das Fenster, damit Sie sich wohlfühlen können. Aber natürliches Licht allein reicht nicht aus, es wird auch ausreichendes künstliches Licht benötigt, um Müdigkeit oder Leistungseinbußen zu vermeiden. Es ist ratsam, ein stärker fokussiertes Licht, wie z. B. eine Flexo- oder Tischlampe und ein anderes allgemeines Licht zu verwenden.

Moderne Arbeitsplätze setzen heute nicht nur auf Funktionalität, sondern auch auf Design, und finden durch Dekoration ihren eigenen Stil. Es sind Räume, die unsere Persönlichkeit durch eine Auswahl von Stücken und Objekten definieren, die von uns und unserer Arbeit erzählen. Das Bild eines dunklen und funktionalen Büros wurde abgelöst von Räumen voller Klarheit, die von unserer Essenz durchdrungen sind.

Auch die Büromöbel haben sich weiterentwickelt: Lichttische mit einfachen und klaren Linien und innovative Materialien wie Harze, Stahl, DM oder Glas verdrängen die klassischen Designs von dunkel lackiertem Holz. Für die Stühle sind wir auf der Suche nach komfortablen und ergonomischen Designs, die das Wohlergehen unseres Rückens garantieren.

Ob Sie in einem separaten Büro, in einer Ecke des Schlafzimmers oder unter dem Treppenhaus arbeiten, das Wesentliche ist, dass dieser Raum angenehm ist und Objekte hat, die uns definieren. Es hat sich gezeigt, dass das Arbeiten in einer angenehmen Umgebung die Konzentration und damit die Produktivität verbessert.

Bureaux à domicile

L'incroyable progrès des télécommunications au cours de la dernière décennie a entraîné un changement majeur dans les habitudes de travail. Aujourd'hui, nous pouvons être connectés en permanence sans avoir besoin d'être physiquement proches. Par conséquent, l'alternative d'avoir le bureau à la maison, loin des bureaux impersonnels et occupés des entreprises est de plus en plus courante. Réserver un coin de la maison pour travailler est une réalité très courante dans les logements modernes.

Idéalement, le bureau devrait être situé dans une pièce où nous pouvons être tranquilles et loin du bruit habituel, de sorte que notre concentration ne soit pas affectée. Mais comme ce n'est pas toujours possible et que vous devrez peut-être vous rendre dans une pièce comme le salon, la chambre à coucher ou la salle à manger ; la première chose à valoriser est de préférer un coin aussi calme que possible.

Un meilleur éclairage nous aidera à mieux travailler, surtout lorsqu'il s'agit de profiter de la lumière naturelle. Si possible, placez la table de travail à côté de la fenêtre, cela vous aidera à créer une sensation de bien-être. Mais la lumière naturelle seule ne suffit pas et une lumière artificielle adéquate est également nécessaire pour prévenir la fatigue ou les mauvaises performances. Il est conseillé de choisir une lumière plus focalisée, telle qu'une lampe flexo ou une lampe de table et un autre général.

Aujourd'hui, outre la recherche de fonctionnalité, les espaces de travail modernes misent sur le design et trouvent leur propre style par la décoration. Ce sont des espaces qui définissent notre personnalité à travers une sélection de pièces et d'objets qui parlent de nous et de notre travail. L'image d'un bureau sombre et fonctionnel a été abandonnée, laissant place à des espaces pleins de clarté et imprégnés de notre essence.

Le mobilier de bureau évolue également : les tables lumineuses aux lignes simples et épurées et les matériaux innovants tels que les résines, l'acier, le DM ou le verre laissent derrière elles les motifs classiques du bois vernis foncé. Pour les chaises, nous recherchons des designs confortables et ergonomiques qui garantissent le soin de notre dos.

Que vous travailliez dans un bureau séparé, dans un coin de la chambre ou sous la cage d'escalier, l'essentiel est que cet espace soit agréable et possède des objets qui vous définissent. Il a été démontré que le travail dans un environnement agréable améliore la concentration et donc la productivité.

Oficinas en casa

El increíble avance de las telecomunicaciones en la última década ha supuesto un cambio importante en los hábitos de trabajo. Hoy en día podemos estar permanentemente conectados sin la necesidad de estar físicamente próximos. Por ello, la alternativa de tener el despacho en casa, lejos de las impersonales y ajetreadas oficinas de las compañías es cada vez más habitual. Reservar un rincón de la casa para trabajar es una realidad muy común en las viviendas modernas.

Lo ideal es situar la oficina en un cuarto algo apartado donde podamos estar tranquilos y lejos del ruido habitual, para que así nuestra concentración no se vea afectada. Pero, como esto no siempre es posible y quizás tenga que ir en una habitación como el salón, el dormitorio o el comedor, lo primero que se debe valorar es que sea un rincón lo más tranquilo posible.

La iluminación desempeña un papel fundamental a la hora de crear un entorno de trabajo saludable. Una mejor iluminación nos ayudará a trabajar mejor, especialmente cuando hablamos de aprovechar la luz natural. Si es posible, se debe situar la mesa de trabajo junto a la ventana, eso nos ayudará a crear una sensación de bienestar. Pero la luz natural por sí sola no basta y también se necesita luz artificial adecuada que evitará que sintamos cansancio o un rendimiento deficiente. Es aconsejable una luz más focalizada, como la de un flexo o una lámpara de sobremesa y otra general.

Hoy en día, además de buscar la funcionalidad, los espacios de trabajo modernos apuestan por el diseño y encontrar su propio estilo a través de la decoración. Son espacios que definen nuestra personalidad a través de una selección de piezas y objetos que hablan de nosotros y de nuestro trabajo. La imagen de un oscuro y funcional despacho ha quedado atrás dejando paso a espacios llenos de claridad e impregnados de nuestra esencia.

El mobiliario de las oficinas también ha ido evolucionando: mesas livianas de líneas simples y puras y con materiales innovadores como resinas, acero, DM o cristal dejan atrás los clásicos diseños de madera oscura barnizada. Para las sillas se buscan diseños cómodos y ergonómicos que garanticen el cuidado de nuestra espalda.

Tanto si se trabaja en un despacho independiente como en un rincón del dormitorio o bajo el hueco de la escalera, lo fundamental es que este espacio sea agradable y que tenga objetos que nos definan. Está demostrado que trabajar en un entorno agradable mejora la concentración y consecuentemente la productividad.

The attic is an ideal place to set up an office. It is at the top of the house, which allows you to work comfortably, without interruptions. To optimise the space, shelves have been placed on the most attic walls.

Das Dachgeschoss ist ein idealer Ort, um ein Büro einzurichten. Es befindet sich oben im Haus, so dass Sie bequem und ohne Unterbrechungen arbeiten können. Um den Raum zu optimieren, wurden die Regale bevorzugt an den Wänden platziert.

Le grenier est un endroit idéal pour installer un bureau. Il est au sommet de la maison, ce qui vous permet de travailler confortablement, sans interruptions. Pour optimiser l'espace, les étagères ont été placées sur les murs les plus mansardés.

La buhardilla es un lugar ideal para instalar una oficina. Está en la parte superior de la casa, lo cual permite trabajar cómodamente, sin interrupciones. Para optimizar el espacio, se han colocado las estanterías en las paredes más abuhardilladas.

Light is fundamental in an office. If possible, the table should be placed next to the window so that you can see the outside without turning your back to avoid reflections on the screen. The best thing is for the light to enter laterally.

Licht ist die Grundlage für ein Büro. Wenn möglich, sollte der Tisch neben dem Fenster platziert werden, so dass Sie nach draußen sehen können, ohne jedoch den Rücken zu wenden, um Reflexionen auf dem Bildschirm zu vermeiden. Am besten ist es, wenn das Licht seitlich eintritt.

La lumière est fondamentale dans un bureau. Si possible, la table doit être placée à côté de la fenêtre pour que vous puissiez voir l'extérieur, mais sans tourner le dos pour éviter les reflets sur votre écran. Le mieux est que la lumière entre latéralement.

La luz es fundamental en un despacho. A ser posible se debe situar la mesa junto a la ventana de forma que se pueda ver el exterior, pero sin darle la espalda para evitar los reflejos en la pantalla. Lo mejor es que la luz entre lateralmente.

The desk allows more freedom of choice than the chair in terms of design, size and functionality. In this office area that shares space with the living room, a desk with easels is ideal as it provides more visual lightness.

Der Schreibtisch bietet mehr Wahlfreiheit als der Stuhl in Bezug auf Design, Größe und Funktionalität. In diesem Büro, das sich den Raum mit dem Wohnzimmer teilt, ist ein Schreibtisch mit Staffeleien ideal, da er für mehr visuelle Leichtigkeit sorgt.

Le bureau offre plus de liberté de choix que la chaise en termes de design, de taille et de fonctionnalité. Dans ce bureau qui partage l'espace avec le salon, un bureau avec chevalets est idéal car il apporte plus de légèreté visuelle.

El escritorio permite más libertad de elección que la silla en cuanto al diseño, tamaño y funcionalidad. En esta oficina que comparte espacio con el salón, un escritorio con caballetes es ideal ya que aporta más ligereza visual.

TI 196
klo 10.00
MA 25.6
klo 13.00
TI 3.7
klo 14.00
DO
THE
DO MORE OF WHAT MAKES YOU HAPPY.
NEWSPAPER

In order to avoid that all the material is on the table, choose a desk with drawer units and practical shelves to store and place decorative objects that give it a personal touch. It is very useful to hang a cork, a panel, or a blackboard to write down ideas, or to have everything we want to remember in sight.

Um zu vermeiden, dass das gesamte Material auf dem Tisch liegt, haben wir uns für einen Schreibtisch mit Schubladenblock und praktischen Regalen entschieden, um dekorative Gegenstände zu lagern und zu platzieren, die ihm eine persönliche Note verleihen. Es ist sehr nützlich, einen Kork, ein Panel oder eine Tafel aufzuhängen, um Ideen aufzuschreiben oder alles, woran wir uns erinnern wollen, in Sichtweite zu haben.

Afin d'éviter que tout le matériel soit sur la table, nous avons choisi un bureau avec tiroir et des étagères pratiques pour ranger et placer des objets de décoration qui lui donnent une touche personnelle. Il est très utile d'accrocher un bouchon de liège, un panneau ou un tableau noir pour noter des idées ou pour avoir en vue tout ce dont on veut se souvenir.

Para evitar que todo el material esté encima de la mesa, se ha escogido un escritorio con cajonera y unas prácticas estanterías para almacenar y para colocar objetos decorativos que le dan un toque personal. Resulta muy útil colgar un corcho, un panel, o una pizarra para anotar ideas, o tener a la vista todo aquello que queremos recordar.

The colour with which we paint our environment influences our state of mind and our performance. For a workspace, light colours are usually more recommendable, although you can add a few touches of colour that will provide energy and dynamism.

Die Farbe, mit der wir unsere Umwelt bemalen, beeinflusst unseren Geisteszustand und unsere Leistung. Für einen Arbeitsplatz sind helle Farben in der Regel empfehlenswerter, obwohl Sie einige Farbtupfer hinzufügen können, die für Energie und Dynamik sorgen.

La couleur avec laquelle nous peignons notre environnement influence notre état d'esprit et notre performance. Pour un espace de travail, les couleurs claires sont habituellement plus recommandées, bien que vous puissiez ajouter quelques touches de couleur qui apporteront énergie et dynamisme.

El color con que pintamos nuestro entorno influye en nuestro estado anímico y en nuestro rendimiento. Para un espacio de trabajo suelen ser más recomendables los colores claros aunque se pueden añadir unos toques de color que aportarán energía y dinamismo.

In this attic office, the desk has been placed in the area where the ceiling is lower. In this way there is more free space and the room looks bigger.

In diesem Dachgeschossbüro wurde der Schreibtisch in dem Bereich platziert, in dem die Decke niedriger ist, da wir dort immer sitzen und somit keine Probleme mit der Höhe haben. Auf diese Weise entsteht mehr Freiraum und der Raum wirkt viel größer.

Dans ce bureau mansardé, le bureau a été placé dans la zone où le plafond est plus bas, car nous sommes toujours assis là, donc il n'y a pas de problème de hauteur. De cette façon, il y a plus d'espace libre et la pièce a l'air beaucoup plus grande.

En este despacho abuhardillado, se ha colocado el escritorio en la zona donde el techo es más bajo, ya que ahí estamos siempre sentados, por tanto no preocupa su altura. De este modo queda más espacio libre y la estancia parece mucho más grande.

When it comes to choosing the chair design and functionality does not have to be at odds. If the workdays are long it is better to choose an ergonomic office chair so that our back does not suffer. If not, it is enough for the chair to be comfortable and help us maintain a good position. It is then when we can give free rein to the creativity to decide its design.

Bei der Wahl des Stuhls müssen Design und Funktionalität nicht im Widerspruch zueinander stehen. Wenn die Arbeitstage lang sind, ist es besser, einen ergonomischen Bürostuhl zu wählen, damit unser Rücken nicht leidet. Wenn die Stunden weniger lang sind, genügt es, dass der Stuhl bequem ist und uns hilft, eine gute Position zu halten. Dann haben wir bei der Bestimmung des Designs unseres Bürostuhls die freie kreative Auswahl.

Quand il s'agit de choisir le design et la fonctionnalité de la chaise ne doit pas être en contradiction. Si les journées de travail sont longues, il est préférable de choisir une chaise de bureau ergonomique pour que notre dos ne souffre pas. Si les heures sont moins longues, il suffit que le fauteuil soit confortable et nous aide à maintenir une bonne position. C'est alors que nous pouvons donner libre cours à la créativité pour décider de sa conception.

A la hora de elegir la silla diseño y funcionalidad no tiene que ir reñidos. Si las jornadas de trabajo son largas es mejor escoger una silla de oficina ergonómica para que nuestra espalda no se resienta. Si los horarios son menos extensos basta con que la silla sea cómoda, y nos ayude a mantener una buena posición. Es entonces cuando podemos dar rienda suelta a la creatividad para decidir su diseño.

love
life

Bedrooms

The bedroom is the most personal room in any home. It is usually located in the most quite áreas, far from the noises that produce the kitchen or the entrance. The better decorated and designed it is, the more you will enjoy every momento. It must be a personal oasis, a space where each problem can be forgotten.

Bedroom decoration is definitely something very personal. Some people need a calm and relaxing atmosphere that favours rest and sleep, choosing white, beige or cream colors. Others prefer a bright and energizing environment, which injects life every morning upon awakening. The use of bright colors can be one of the options to achieve this goal. It is advisable to use vibrant color notes in small decorative details, such as cushions or the bedspread, or give color to one of the walls of the room, keeping the rest in white or neutral pale.

The most important element of a bedroom is the bed, which is chosen taking into account the space available, comfort and, of course, its design. Nowadays there is a tendency to choose beds of generous dimensions that, accompanied by soft cushions and impeccably dressed, invite to a long rest. The bedding, like the mattress and pillow, is responsible for ensuring a restful sleep. In addition to seeking comfort and beauty, we also seek to pamper our health. Sheets and duvet covers made of natural fabrics such as linen or cotton are clearly superior to those made of synthetic fibres.

Since for most of the time we spend in the bedroom we do not enjoy natural light, special attention must be paid to its artificial lighting, which must be relaxing, soft and warm in order to create a pleasant atmosphere but which can also be adaptable to different occasions. It is possible to conjugate ambient light with a punctual light to read, or some spotlights in the zone of the dressing room. The important thing is to create an intimate and personal atmosphere that allows us to enjoy to the maximum our moments of rest and relaxation.

Zimmer

Das Schlafzimmer ist der persönlichste Raum par excellence eines jeden Hauses. Es ist der Ort, an dem man sich trifft und sich entspannen kann. Es ist ein privater Ort der Ruhe. Aus diesem Grund wird in der Regel versucht, es in den ruhigsten Zonen einzurichten, weit weg von den Geräuschen, die die Küche oder den Eingang verursachen. Je besser dekoriert und gestaltet es ist, desto mehr werden Sie jeden Moment genießen, den Sie darin verbringen. Es muss eine persönliche Oase sein, ein Ort, an dem jedes Problem vergessen werden kann.

Die Dekoration des Schlafzimmers ist definitiv etwas sehr Persönliches. Einige Menschen brauchen eine ruhige und entspannende Atmosphäre, die Ruhe und Schlaf fördert, und entscheiden sie sich deshalb für Weiß, Beige oder Creme, die Ruhe vermitteln und ewig klassisch sind. Andere bevorzugen eine helle und energiegeladene Umgebung, die jeden Morgen nach dem Erwachen Leben spendet. Die Verwendung von hellen Farben kann eine der Optionen sein, um dieses Ziel zu erreichen. Es ist ratsam, leuchtende Farbnoten in kleinen dekorativen Details wie Kissen oder Bettdecke zu verwenden oder einer der Wände des Raumes Farbe zu verleihen, wobei der Rest in Weiß oder neutralem Hell gehalten wird.

Das wichtigste Element eines Schlafzimmers ist zweifellos das Bett, das unter Berücksichtigung des verfügbaren Platzes, des Komforts und natürlich des Designs ausgewählt wird. Heutzutage gibt es die Tendenz, Betten mit großzügigen Abmessungen zu wählen, die, begleitet von weichen Kissen und tadellos bezogen, zweifellos zur Erholung einladen. Die Bettwäsche, wie die Matratze und das Kissen, ist für einen erholsamen Schlaf verantwortlich. Neben der Suche nach Komfort und Schönheit sind wir auch bestrebt, unsere Gesundheit zu schützen. Bettwäsche und Bettbezüge aus Naturstoffen wie Leinen oder Baumwolle sind denen aus synthetischen Fasern deutlich überlegen.

Da wir die meiste Zeit im Schlafzimmer verbringen und dort kein natürliches Licht genießen, muss besonders auf eine Beleuchtung geachtet werden, die entspannend, weich und warm sein muss, um eine angenehme Atmosphäre zum Ausruhen zu schaffen, die aber auch an verschiedene Anlässe angepasst werden kann. Es ist möglich, das Umgebungslicht mit einem punktuellen Licht zum Lesen oder mit einigen Scheinwerfern im Bereich der Garderobe zu kombinieren. Wichtig ist es, eine intime und persönliche Atmosphäre zu schaffen, die es uns ermöglicht, unsere Momente der Ruhe und Entspannung maximal zu genießen.

Chambres

La chambre à coucher est, par excellence, la pièce la plus personnelle de toute la maison. C'est l'endroit où l'on se rencontre, où l'on peut se détendre, se détendre encore, se détendre toujours ; c'est un espace privé de repos. C'est pour cette raison qu'on essaie généralement de l'installer dans les zones les plus calmes, loin des bruits que produisent la cuisine et l'entrée. Mieux il est décoré et conçu, plus vous profiterez de chaque moment que vous y passerez. Ce doit être une oasis personnelle, un espace où chaque problème peut être oublié.

La décoration de la chambre à coucher est sans l'ombre d'un doute très personnelle. Certaines personnes ont besoin d'une atmosphère calme et relaxante qui favorise le repos et le sommeil, c'est pourquoi elles optent pour le blanc, le beige ou la crème, pour transmettre le calme et rester classiques. D'autres préfèrent un environnement lumineux et énergisant, qui injecte la vie chaque matin au réveil. L'utilisation de couleurs vives peut être l'une des options pour atteindre cet objectif. Il est conseillé d'utiliser des notes de couleurs vives dans les petits détails décoratifs, comme les coussins ou le couvre-lit, ou de donner de la couleur à l'un des murs de la pièce, le reste étant en blanc ou neutre pâle.

L'élément le plus important d'une chambre à coucher est, sans aucun doute, le lit, qui est choisi en tenant compte de l'espace disponible, du confort et, bien sûr, de son design. De nos jours, on a tendance à choisir des lits aux dimensions généreuses qui, accompagnés de coussins doux et impeccablement habillés, invitent sans aucun doute au repos. La literie, comme le matelas et l'oreiller, est chargé d'assurer un sommeil réparateur. En plus de rechercher le confort et la beauté, nous cherchons aussi à prendre soin de notre santé. Les draps et housses de couette en tissus naturels comme le lin ou le coton sont nettement supérieurs à ceux en fibres synthétiques.

Étant donné que la plupart du temps nous ne profitons pas de la lumière naturelle dans la chambre à coucher, une attention particulière doit être portée à son éclairage, qui doit être relaxant, doux et chaud afin de créer une atmosphère agréable pour le repos, mais qui peut aussi être adapté à différentes occasions. Il est possible de conjuguer la lumière ambiante avec une lumière ponctuelle à lire, ou des spots dans la zone du dressing. L'important est de créer une atmosphère intime et personnelle qui nous permette de profiter au maximum de nos moments de repos et de détente.

Dormitorios

El dormitorio es la estancia más personal por excelencia de cualquier hogar. Es el lugar en el cual uno se encuentra con uno mismo, puede relajarse, distenderse; es un espacio privado de descanso. Por ello, se suele intentar situar en las zonas más tranquilas, lejos de los ruidos que producen la cocina o la entrada. Cuanto mejor decorado y diseñado esté, más se disfrutará en cada momento que se pase en él. Debe ser un oasis personal, un espacio donde lograr olvidarse de cada problema.

La decoración de dormitorios es, definitivamente, algo muy personal. Algunas personas necesitan una atmósfera tranquila y relajante, que favorezca el descanso y el sueño, y por ello optan por el blanco, el beis o el crema, por transmitir calma y ser eternamente clásicos. Otras, prefieren una ambiente brillante y energizante, que inyecte vida todas las mañanas al despertar. La utilización de colores llamativos puede ser una de las opciones para alcanzar este cometido. Es aconsejable utilizar notas de color vibrante en pequeños detalles decorativos, como cojines o la colcha, o darle color a una de las paredes de la habitación, manteniendo las restantes en color blanco o neutro pálido.

El elemento más importante de un dormitorio es, sin lugar a dudas, la cama, que se elige teniendo en cuenta el espacio con el que se cuenta, el confort y sin olvidar, por supuesto, su diseño. Actualmente se tiende a es escoger camas de dimensiones generosas que, acompañadas por mullidos cojines e impecablemente vestidas, invitan sin duda al descanso. La ropa de cama, al igual que el colchón y la almohada, es responsable de garantizar un sueño reparador. Además de buscar comodidad y belleza, también se busca que mime nuestra salud. Las sábanas y fundas nórdicas de tejidos naturales como el lino o el algodón se imponen claramente sobre las de fibras sintéticas.

Puesto que durante la mayor parte de horas que pasamos en el dormitorio no disfrutamos de luz natural, hay que prestar especial atención a su iluminación, que debe ser relajante, suave y cálida para conseguir un ambiente agradable para descansar, pero que además pueda adaptarse a las distintas ocasiones. Se puede conjugar luz ambiental con una luz puntual para leer, o unos focos en la zona del vestidor. Lo importante es crear un ambiente íntimo y personal que nos permita disfrutar al máximo de nuestro ratos de descanso y de relax.

Zen decoration is conducive to relaxation, and relaxation and comfort are the words that best describe this room. A clean, minimalist space, without disorder that contributes to the well-being of body and mind.

Zen-Dekoration fördert die Entspannung, und Entspannung und Komfort sind die Worte, die diesen Raum am besten beschreiben. Ein sauberer, minimalistischer Raum, ohne Unordnung, der zum Wohlbefinden von Körper und Geist beiträgt.

La décoration zen est propice à la détente, et détente et confort sont les mots qui décrivent le mieux cette chambre. Un espace propre, minimaliste, sans désordre qui contribue au bien-être du corps et de l'esprit.

La decoración Zen es propicia para la relajación, y son la relajación y el confort las palabras que mejor describen esta habitación. Un espacio limpio, minimalista, sin desorden que contribuye al bienestar del cuerpo y de la mente.

Grey is a neutral and serene colour, ideal for a bedroom, as it invites you to rest. The wood floor covering, the upholstered furniture and the fluffy bedding seem to be the right choice.

Grau ist eine neutrale und ruhige Farbe, ideal für ein Schlafzimmer, da es zum Ausruhen einlädt. Der Holzbodenbelag, die Polstermöbel und die flauschige Bettwäsche sind die richtige Wahl.

Le gris est une couleur neutre et sereine, idéale pour une chambre à coucher, car il vous invite au repos. Le revêtement de sol en bois, les meubles rembourrés et la literie duveteuse sont le bon choix.

El gris es un color neutro y sereno, ideal para un dormitorio, ya que invita al descanso. Para restarle frialdad, son un acierto el revestimiento de madera del suelo así como los muebles tapizados y la mullida ropa de cama.

The absence of bed support legs allows for a much cleaner space, becoming the protagonist of the composition. It is the ideal choice for ultra-modern, cool and relaxed interiors, where you can enjoy a well-deserved rest.

Das Fehlen der Beine des Bettes ermöglicht einen viel saubereren Raum, der zum Protagonisten der Komposition wird. Es ist die ideale Wahl für hochmoderne, frische und entspannte Innenräume, in denen Sie eine wohlverdiente Erholung genießen können.

L'absence des pieds du lit permet un espace beaucoup plus propre qui devient le protagoniste de la composition. C'est le choix idéal pour des intérieurs ultra-modernes, frais et décontractés, où vous pourrez profiter d'un repos bien mérité.

La ausencia de las patas de la cama permite lograr un espacio mucho más limpio que se convierte en el protagonista de la composición. Es la opción ideal para interiores ultra modernos, frescos y relajados, donde disfrutar de un merecido descanso.

STOCKHOLM
SWEDEN

The structure of this building, of clearly industrial essence, marks the decoration of the bedroom. Simple, unpretentious furniture, with iron and wood as the only materials in its composition.

Die Struktur dieses Gebäudes, von klarer industrieller Essenz, kennzeichnet die Dekoration dieses Schlafzimmers. Einfache, schlichte Möbel, mit Eisen und Holz als einzige Materialien in ihrer Zusammensetzung.

La structure de ce bâtiment, d'essence clairement industrielle, marque la décoration de cette chambre. Des meubles simples et sans prétention, avec le fer et le bois comme les seuls matériaux dans leur composition.

La estructura de este edificio, de esencia claramente industrial, marca la decoración de este dormitorio. Muebles simples, sin pretensiones, con el hierro y la madera como únicos materiales en su composición.

Light is the element that makes the difference in decorating a cozy bedroom. The wall lights, although sometimes forgotten, are in many cases a key piece in the lighting scheme. When switched on, they create charming atmospheres or provide the necessary punctual light. When turned off, they add style to the decoration.

Das Element, das den Unterschied bei der Dekoration eines gemütlichen Schlafzimmers ausmacht, ist das Licht. Die Wandleuchten, obwohl sie manchmal vergessen werden, sind in vielen Fällen ein Schlüsselstück im Lichtkonzept. Im eingeschalteten Zustand schaffen sie charmante Atmosphären oder sorgen für das nötige punktuelle Licht. Im ausgeschalteten Zustand verleihen sie der Dekoration Stil.

L'élément qui fait la différence dans la décoration d'une chambre à coucher confortable est la lumière. Les appliques murales, bien que parfois oubliées, sont dans de nombreux cas une pièce maîtresse du système d'éclairage. Lorsqu'ils sont allumés, ils créent des ambiances charmantes ou fournissent la lumière ponctuelle nécessaire. Lorsqu'ils sont éteints, ils donnent du style à la décoration.

El elemento que hace la diferencia en la decoración de un dormitorio acogedor es la luz. Los apliques, aunque a veces olvidados, son en muchos casos pieza clave en el esquema de iluminación. Encendidos, crean atmósferas con encanto o aportan la luz puntual necesaria. Apagados, añaden estilo a la decoración.

Following the current trend of reusing materials, this headboard has been designed with recovered wooden planks that fill this space with character and personality, as well as giving it a cozy appearance, which is reinforced by bedding, decorative objects and the carpet.

Dem aktuellen Trend zur Wiederverwendung von Materialien folgend, wurde dieses Kopfteil mit wiederhergestellten Holzbrettern entworfen, die diesen Raum mit Charakter und Persönlichkeit füllen und ihm ein gemütliches Aussehen verleihen, das durch Bettwäsche, dekorative Gegenstände und den Teppich verstärkt wird.

Suivant la tendance actuelle de réutilisation des matériaux, cette tête de lit a été conçue avec des planches de bois récupérées qui remplissent cet espace de caractère et de personnalité, tout en lui donnant un aspect confortable, renforcé par la literie, les objets décoratifs et la moquette.

Siguiendo la tendencia actual de reutilización de materiales, se ha diseñado este cabecero de tablones de madera recuperada que llena de carácter y personalidad a este espacio, además de darle un aspecto acogedor, que queda reforzado por la ropa de cama, los objetos decorativos y la alfombra.

As it is not a large space, an attempt has been made to combine colours and materials that generate harmony. Wooden floors, which bring warmth and settlement to the space, combined with a broken white in the walls, ceiling and carpentry to give a sensation of spatial amplitude. The white transmits peace, wood generates comfort.

Da es sich nicht um einen großen Raum handelt, wurde versucht, Farben und Materialien zu kombinieren, die Harmonie erzeugen. Holzböden, die Wärme und Wohnlichkeit in den Raum bringen, kombiniert mit einem gebrochenen Weiß in den Wänden, Decken und Schreinerarbeiten, vermitteln ein Gefühl der räumlichen Weite. Das Weiß vermittelt viel Ruhe und das Holz sorgt für Komfort.

Comme il ne s'agit pas d'un grand espace, on s'est efforcé de combiner les couleurs et les matériaux qui créent l'harmonie. Les planchers de bois, qui apportent chaleur et établissement à l'espace, combinés à un blanc cassé dans les murs, le plafond et la menuiserie pour donner une sensation d'amplitude spatiale. Le blanc transmet beaucoup de paix et le bois génère du confort.

Al no ser un espacio grande se ha intentado una combinación de colores y materiales que generan armonía. Suelos de madera, que aportan calidez y asentamiento al espacio, combinados con un blanco roto en las paredes, techo y carpintería para dar sensación de amplitud espacial. El blanco transmite mucha paz y la madera genera confort.

The impressive views that frame the windows of this sober, elegant and minimalist bedroom, make unnecessary any accessory or decorative artifice.

Die beeindruckenden Aussichten, die die Fenster dieses Schlafzimmers einrahmen, nüchtern, elegant und minimalistisch, machen jedes Accessoire oder dekorative Kunstwerk überflüssig.

Les vues impressionnantes qui encadrent les fenêtres de cette chambre, sobres, élégantes et minimalistes, rendent inutile tout accessoire ou artifice décoratif.

Las impresionantes vistas que enmarcan los ventanales de este dormitorio, sobrio, elegante y minimalista, hacen que sea innecesario cualquier accesorio o artificio decorativo.

No matter what decorative style it is, the black and white combination always works; it creates truly magical and charming spaces. However, in order not to be overwhelming, white has been chosen as the predominant colour. This creates a space with a feeling of more spaciousness, cleanliness and clarity.

Egal welchen dekorativen Stil es hat, das Schwarz-Weiß-Binomial funktioniert immer; es schafft wirklich magische und charmante Räume. Um jedoch nicht überwältigend zu sein, wurde Weiß als vorherrschende Farbe gewählt. So entsteht ein Raum mit einem Gefühl von mehr Platz, Sauberkeit und Klarheit.

Quel que soit son style décoratif, le binôme noir et blanc fonctionne toujours ; il crée de véritables espaces magiques et charmants. Cependant, pour ne pas être écrasant, le blanc a été choisi comme couleur prédominante. Cela crée un espace avec une sensation d'espace, de propreté et de clarté.

No importa de qué estilo decorativo se trate, el binomio blanco y negro siempre funciona; crea espacios realmente mágicos y llenos de encanto. Sin embargo, para que no resulte agobiante, se ha escogido el blanco como color predominante. De este modo se consigue un espacio con una sensación de más amplitud, limpieza y claridad.

Children's Bedrooms

A children's bedroom is much more than a place to sleep. It is a place to play, learn and dream. Children identify with their environment, their room is their small world, a world in which they should feel comfortable. Imagination and flexibility are the two basic ingredients for planning, furnishing and decorating a space for children. Imagination to match a child's overflowing abundance of creativity and flexibility to adapt to rapid changes. That's why convertible furniture is a good choice for the first few years: the cot can then be a small bed or the changing table a convenient place to store your clothes. Also, if you opt for a neutral base, you can simply transform the room with the help of textiles and decorative accessories, adapting the room as your interests change.

The bedroom is for the child a "palace of play." A central space must be kept as clear as possible and free of obstacles, because in the early years children only want to play on the floor and the different furniture is distributed around this center. It is advisable to avoid an excessive accumulation of junk and leave a few toys well chosen and in order. It is also useful to put containers with wheels or boxes that allow the child to take his toys and also teach him how to store them.

We must not forget the importance of encouraging reading in children. By creating a small special corner for books, reading will be a pleasant and fun activity.

In the children's room knowing how to choose a good lighting contributes to create a comfortable space. It is advisable to place perfectly placed points of light to enhance a shelf, the wardrobe, the reading area... and a general lighting of the bedroom for clarity and warmth.

In addition to the conditions of the space, it is important to take into account the preferences of the child when choosing the decoration.

Kinderzimmer

Ein Kinderzimmer ist viel mehr als nur ein Schlafplatz. Es ist ein Ort zum Spielen, Lernen und Träumen. Kinder identifizieren sich mit ihrer Umgebung, ihr Zimmer ist ihre kleine Welt, eine Welt, in der sie sich wohl fühlen sollen. Phantasie und Flexibilität sind die beiden Grundvoraussetzungen für die Planung, Einrichtung und Dekoration eines Raumes für Kinder. Vorstellungskraft, die der überbordenden Fülle an Kreativität und Flexibilität eines Kindes entspricht, um sich an schnelle Veränderungen anzupassen. Deshalb sind Cabrio-Möbel in den ersten Jahren eine gute Wahl: Das Kinderbett kann dann ein kleines Bett oder der Wickeltisch ein bequemer Platz zum Aufbewahren Ihrer Kleidung sein. Auch wenn Sie sich für eine neutrale Basis entscheiden, können Sie den Raum mit Hilfe von Textilien und dekorativen Accessoires einfach umgestalten. Auf diese Weise können Sie den Raum an Ihre Interessen anpassen.

Das Schlafzimmer ist für das Kind sein „Spielepalast", also ist es das Wichtigste, einen zentralen Raum so klar wie möglich und frei von Hindernissen zu lassen, denn in den ersten Jahren will man nur auf dem Boden spielen, sodass die verschiedenen Möbel um dieses Zentrum herum verteilt sind. Es ist ratsam, eine übermäßige Anhäufung von Schrott zu vermeiden und sich stattdessen auf einige ausgewählte und gut sortierte Spielzeuge zu beschränken. Es ist auch ratsam, Kartons oder Rollbehälter zur Verfügung zu stellen, die es dem Kind ermöglichen, sein Spielzeug mitzunehmen und zu lernen, es zusammenzuhalten.

Wir dürfen nicht vergessen, wie wichtig es ist, das Lesen bei Kindern zu fördern, denn dafür ist es eine gute Idee, eine kleine, speziell für das Lesen attraktave Ecke zu schaffen. Auf diese Weise wird das Lesen zu einer angenehmen und unterhaltsamen Aktivität.

Im Kinderzimmer des Hauses, wie auch in den anderen Räumen, trägt das Wissen um die Wahl einer guten Beleuchtung dazu bei, einen angenehmen Raum zu schaffen. Es ist ratsam, perfekt platzierte Lichtpunkte zu arrangieren, etwa um ein Regal, den Kleiderschrank, den Lesebereich herum... und eine allgemeine Beleuchtung des Schlafzimmers für Klarheit und gleichzeitig Umgebungswärme zu verstärken.

Neben den Bedingungen des Raumes ist es wichtig, die Vorlieben des Kindes bei der Wahl der Dekoration zu berücksichtigen, denn schließlich ist es der Raum, in dem es die meiste Zeit verbringen wird und in dem es sich wohlfühlen sollte.

Chambres des enfants

Une chambre d'enfant est bien plus qu'un endroit pour dormir. C'est un endroit pour jouer, apprendre et rêver. Les enfants s'identifient à leur environnement, leur chambre est leur petit monde, un monde dans lequel ils doivent se sentir bien. L'imagination et la flexibilité sont les deux ingrédients de base pour la planification, l'aménagement et la décoration d'un espace pour enfants. Une imagination à la hauteur de l'abondance débordante de créativité d'un enfant et de sa souplesse pour s'adapter aux changements rapides. C'est pourquoi les meubles transformables sont un bon choix pour les premières années : le lit bébé peut alors être un petit lit ou la table à langer un endroit pratique pour ranger vos vêtements. De plus, si vous optez pour une base neutre, vous pouvez simplement transformer la pièce à l'aide de textiles et d'accessoires décoratifs. De cette façon, vous pouvez adapter la salle en fonction de l'évolution de vos intérêts.

La chambre à coucher est pour l'enfant son « palais du jeu », donc la chose la plus importante est de laisser un espace central aussi dégagé que possible et libre d'obstacles, car, les premières années, ils ne veulent jouer que sur le sol, de sorte que les différents meubles doivent être distribués autour de ce centre. Il est conseillé d'éviter une accumulation excessive de déchets et de laisser quelques jouets bien choisis et bien rangés. Il est également utile de mettre des contenants avec des roues ou des boîtes qui permettent à l'enfant de prendre ses jouets et de lui apprendre comment les ranger.

Nous ne devons pas oublier l'importance d'encourager la lecture chez les enfants, c'est pourquoi il est bon de créer un petit coin spécial qui soit attrayant. De cette façon, la lecture sera une activité agréable et amusante.

Dans la chambre des enfants , comme dans les autres pièces, savoir choisir un bon éclairage contribue à créer un espace confortable. Il est conseillé de placer des points lumineux parfaitement placés pour mettre en valeur une étagère, l'armoire, la zone de lecture... et un éclairage général de la chambre à coucher pour la clarté et en même temps la chaleur ambiante.

En plus des conditions de l'espace, il est important de tenir compte des préférences de l'enfant lors du choix de la décoration car, après tout, c'est l'espace où il passera le plus de temps et où il devra se sentir à l'aise, se sentir chez lui.

Dormitorios infantiles

Un dormitorio infantil es mucho más que un lugar donde dormir. Es un lugar para jugar, aprender y soñar. Los niños se sienten identificados con su entorno, su habitación es su pequeño mundo, un mundo en el que se deben sentir cómodos. Imaginación y flexibilidad son los dos ingredientes básicos para planificar, amueblar y decorar un espacio para niños. Imaginación para igualar la desbordante abundancia de creatividad de un niño y flexibilidad para adaptarse a los cambios que ocurren a gran velocidad. Por ello, los muebles convertibles son una buena opción para los primeros años: la cuna podrá ser después una camita o el cambiador una práctica cómoda donde guardar su ropa. También, si se apuesta por una base neutra, podrá ir transformando la habitación simplemente con la ayuda de textiles y accesorios de decoración. De este modo se podrá ir adaptando la habitación a medida que cambien sus intereses.

El dormitorio es para el niño su "palacio del juego", por ello lo más importante es dejar un espacio central lo más despejado posible y libre de obstáculos, ya que en los primeros años solo querrán jugar en el suelo, así los diferentes muebles se distribuyen alrededor de este centro. Es aconsejable evitar una excesiva acumulación de trastos y dejar a la vista unos cuantos juguetes bien elegido y bien ordenados. También resulta útil poner contenedores con ruedas o cajas que permitan al niño coger sus juguetes y enseñarle también a guardarlos.

No debemos olvidar la importancia de fomentar la lectura en los niños, para ello es una buena idea crear un pequeño rincón especial para ello que sea atractivo. Así leer será una actividad agradable y divertida.

En la habitación de los pequeños de la casa, al igual que en las otras estancias, saber elegir una buena iluminación contribuye a crear un espacio confortable. Es aconsejable situar puntos de luz perfectamente colocados para realzar una estantería, el armario, la zona de lectura... y una iluminación general del dormitorio para ofrece una claridad y a la vez calidez ambiental.

Además de las condiciones del espacio, es importante tener en cuenta las preferencias del niño a la hora de elegir la decoración ya que, al fin y al cabo, es el espacio donde va a pasar más tiempo y se debe sentir a gusto, sentirlo suyo, hecho a su medida.

Dual-function furniture is a sure bet in a children's bedroom, especially when there is a lack of space. The bench serves as a reading corner, a coffee table and the underside has plenty of drawers for storage.

Doppelfunktionsmöbel sind eine sichere Wahl für ein Kinderzimmer, besonders, wenn man nicht viel Platz hat. Hier dient die Bank als Leseecke, als Couchtisch und auf der Unterseite befinden sich viele Schubladen zur Aufbewahrung.

Les meubles à double fonction sont une valeur sûre dans une chambre d'enfant, surtout quand on n'a pas beaucoup d'espace. Ici, le banc sert de coin de lecture, de table basse et le dessous est doté de nombreux tiroirs pour le rangement.

Los muebles de doble función son un acierto seguro en un dormitorio infantil, sobre todo cuando no se cuenta con mucho espacio. Aquí el banco sirve como rincón de lectura, mesita y la parte de debajo cuenta con un montón de cajones para almacenaje.

#NIGHT
NIGHT

Lamps and decorative accessories are essential in a children's room: lights and colour never fail. In addition, children love posters and light garlands. You can place a light bulb on the bedside table, a general light and then let your imagination run wild with accesories.

Lampen und dekoratives Zubehör sind in einem Kinderzimmer unerlässlich: Licht und Farbe versagen nie. Darüber hinaus lieben Kinder Poster und leichte Girlanden. Sie können eine Glühbirne auf den Nachttisch stellen, ein Allgemeinlicht und dann Ihrer Fantasie freien Lauf lassen mit Dekorationen und Accessoires.

Les lampes et les accessoires décoratifs sont essentiels dans une chambre d'enfant : la lumière et la couleur ne manquent jamais. De plus, les enfants adorent les affiches et les guirlandes lumineuses. Vous pouvez placer une ampoule sur la table de chevet, une lumière générale et puis laisser libre cours à votre imagination avec des décorations et des lumières accessoires.

Las lámparas y los accesorios decorativos son esenciales en una habitación infantil: las luces y el color nunca fallan. Además, a los niños les encantan los carteles y guirnaldas luminosas. Se puede colocar una lamparita en la mesita de noche, una luz general y después dejar volar la imaginación con adornos y luces accesorias.

A teenager's room should be practical and adapted to his tastes and hobbies. The best thing is to personalize the wall as it grows. The decorative vinyls are a good solution, without forgetting the classic slate to draw and to write or the framed cork so that it has to the sight its photos or favorite drawings.

Das Zimmer eines Teenagers sollte praktisch und an seinen Geschmack und seine Hobbys angepasst sein. Am besten ist es, die Wand zu personalisieren, während das Kind heranwächst. Die dekorativen Vinyls sind eine gute Lösung, ohne den klassischen Schiefer zum Zeichnen und Schreiben oder den gerahmten Kork zu vergessen, so dass es seine Fotos oder Lieblingszeichnungen sehen kann.

La chambre d'un adolescent doit être pratique et adaptée à ses goûts et à ses passetemps. Le mieux est de personnaliser le mur au fur et à mesure de sa croissance. Les vinyles décoratifs sont une bonne solution, sans oublier l'ardoise classique pour dessiner et écrire ou le liège encadré pour qu'il puisse profiter de ses photos ou dessins favoris.

La habitación de un adolescente debe ser práctica y adaptada a sus gustos y aficiones. Lo mejor es ir personalizando la pared según se crece. Los vinilos decorativos son una buena solución, sin olvidar la clásica pizarra para dibujar y escribir o el corcho enmarcado para que tenga a la vista sus fotos o dibujos favoritos.

#NIGHT
NIGHT
hello
little
one

It is important to let the children choose their decoration, so that they feel identified with their room and feel comfortable. Immersed in the routine of winter, this room that evokes the beach and the sea will make them dream and feel happy.

Es ist wichtig, die Kinder ihre Dekoration selbst wählen zu lassen, damit sie sich mit ihrem Zimmer identifizieren und darin wohlfühlen können. Eingebettet in die Routine des Winters wird dieser Raum, der an den Strand und das Meer erinnert, sie träumen und sich glücklich fühlen lassen.

Il est important de laisser les enfants choisir leur décoration, afin qu'ils se sentent identifiés avec leur chambre et se sentent à l'aise dans celle-ci. Immergée dans la routine de l'hiver, cette chambre qui évoque la plage et la mer les fera rêver et les rendra heureux.

Es importante dejar que los niños elijan su decoración, para que se sientan identificados con su habitación y se sientan a gusto en ella. Inmersos en la rutina del invierno, esta habitación que evoca la playa y el mar los hará soñar y sentirse felices.

Children live in a world of colours, and this is how it should be reflected in their rooms. The soft shades, usually more used, can coexist in the same bedroom with bright colors, which encourage creativity. Bright tones help children to develop their activity in a more ingenious and imaginative way.

Kinder leben in einer Welt der Farben, und diese soll sich in ihren Räumen widerspiegeln. Die weichen Farbtöne, die in der Regel mehr verwendet werden, können im selben Schlafzimmer mit hellen Farben nebeneinanderstehen, was die Kreativität fördert. Helle Töne helfen Kindern, ihre Aktivität auf eine genialere und fantasievollere Weise zu entwickeln.

Les enfants vivent dans un monde de couleurs, et c'est ce qui doit se refléter dans leurs chambres. Les teintes douces, généralement plus utilisées, peuvent coexister avec des couleurs vives, ce qui favorise la créativité. Les tons vifs aident les enfants à développer leur activité d'une manière plus ingénieuse et plus imaginative.

Los niños viven en un mundo de colores, y así debe reflejarse en sus habitación. Las tonalidades suaves, habitualmente más utilizadas, pueden convivir en el mismo dormitorio con colores vivos, que favorecen la creatividad. Los tonos brillantes ayudan al niño a que desarrolle su actividad de forma más ingeniosa e imaginativa.

To get a different room for children, think of corners that unleash your imagination and encourage them to play for hours. An Indian tipi is ideal, it is a shelter that invites you to dream, play, tell stories, easy to assemble and disassemble and does not take up much space.

Um ein abwechslungsreiches Kinderzimmer zu bieten, denken Sie an Ecken, die Ihre Phantasie beflügeln und das Kind ermutigen, stundenlang zu spielen. Ein indisches Tipi ist ideal, es ist ein Zufluchtsort, der zum Träumen, Spielen, Geschichtenerzählen, … einlädt, ist einfach auf- und abzubauen und nimmt nicht viel Platz in Anspruch.

Pour créer une pièce différente pour les enfants, pensez à des coins qui laissent libre cours à leur imagination et encouragez-les à jouer pendant des heures. Un tipi indien est idéal, c'est un abri qui invite à rêver, jouer, raconter des histoires... est facile à monter et démonter et ne prend pas beaucoup de place.

Para conseguir una habitación para niños diferente, se debe pensar en rincones que desaten su imaginación y les animen a jugar durante horas. Un tipi indio es ideal, es un refugio que invita a soñar, jugar, contar cuentos... es fácil de montar y desmontar y no ocupa mucho espacio.

GREAT
MR.FOX
COMING SOON

HAPPY

Pink, light blue and white are the classic colours of a baby room. However, the use of creative furniture and multiple accessories give rise to decorative styles that are completely innovative. If we do not want to break the chromatic uniformity, we can play with the textures of the wall, fabrics and carpets to create contrasts that add interest to the space.

Rosa, Hellblau und Weiß sind die klassischen Farben eines Babyzimmers. Durch den Einsatz von kreativen Möbeln und vielfältigen Accessoires entstehen jedoch völlig innovative Dekorationsstile. Wenn wir die chromatische Einheitlichkeit nicht brechen wollen, können wir mit den Texturen der Wand, der Stoffe und der Teppiche spielen, um Kontraste zu erzeugen, die den Raum interessant machen.

Rose, bleu clair et blanc sont les couleurs classiques d'une chambre de bébé. Cependant, l'utilisation de meubles créatifs et de multiples accessoires donne lieu à des styles décoratifs totalement novateurs. Si nous ne voulons pas briser l'uniformité chromatique, nous pouvons jouer avec les textures des murs, des tissus et des tapis pour créer des contrastes qui ajoutent de l'intérêt à l'espace.

El rosa, el celeste y el blanco son los colores clásicos de una habitación de bebé. Sin embargo, el empleo de mobiliario creativo y múltiples accesorios dan pie a estilos decorativos que resultan completamente innovadores. Si no queremos romper la uniformidad cromática, se puede jugar con las texturas de la pared, de las telas y de las alfombras para crear contrastes que añadan interés al espacio.

BABY

B

Living surrounded by nature is synonymous of peace. The wallpaper, the extensive use of wood and green tones as well as the plants make you breathe nature in this room with a serene atmosphere that invites you to rest.

Leben inmitten der Natur ist ein Synonym für Frieden. Die Tapetenwand, der weitgehende Einsatz von Holz- und Grüntönen sowie die Pflanzen lassen Sie die Natur in diesem Raum mit einer ruhigen Atmosphäre atmen, die zum Verweilen einlädt.

Vivre au milieu de la nature est synonyme de paix. Le mur en papier peint, l'utilisation intensive du bois et des tons verts ainsi que les plantes vous font respirer la nature dans cette pièce à l'atmosphère sereine qui vous invite au repos.

Vivir rodeado de naturaleza es sinónimo de paz. La pared de papel pintado, el uso extensivo de la madera y de las tonalidades verdes así como las plantas hacen que se respire naturaleza en esta habitación de atmósfera serena que invita al descanso.

Why not a room for a boy and a girl respecting the tastes of both? On a neutral base, two beds of different colours have been combined with accessories of different colours. In this way, in the same space, each one of them has its own personalised corner without losing the harmony of the whole.

Warum nicht ein Zimmer für einen Jungen und ein Mädchen, das den Geschmack von beiden respektiert? Auf neutraler Basis wurden zwei Betten in verschiedenen Farben mit verschiedenfarbigem Zubehör kombiniert. Auf diese Weise hat jeder von ihnen im gleichen Raum seine eigene personalisierte Ecke, ohne die Harmonie des Ganzen zu verlieren.

Pourquoi pas une chambre pour un garçon et une fille qui respecte les goûts des deux ? Sur une base neutre, deux lits de couleurs différentes ont été combinés avec des accessoires de couleurs différentes. Ainsi, dans un même espace, chacun d'eux a son coin personnalisé sans perdre l'harmonie de l'ensemble.

¿Por qué no una habitación de niño y niña respetando los gustos de ambos? Sobre una base neutra, se han combinado dos camas de color diferente y con accesorios de distintos colores. De este modo en un mismo espacio cada uno de ellos tiene su rincón personalizado sin perder la armonía del conjunto.

It is important to have elements for storage (wardrobes, boxes, baskets, drawers under the bed, buckets, etc.) and specific places where we can leave toys and books, as is the case of shelves, always trying to be at children's height so they can have access.

Es ist wichtig, Elemente für die Aufbewahrung (Schränke, Kisten, Körbe, Schubladen unter dem Bett, Eimer, etc.) und bestimmte Orte, an denen wir Spielzeug und Bücher wie Regale, immer versuchen, in einer Höhe, die Kinder zugänglich sind.

Il est important d'avoir des éléments de rangement (armoires, boîtes, paniers, tiroirs sous le lit, seaux) et des endroits spécifiques où l'on peut laisser des jouets, et des livres, comme c'est le cas pour les étagères, en essayant toujours d'être à une hauteur accessible aux enfants.

Es importante disponer de elementos para el almacenaje (armarios, cajas, cestas, cajones bajo la cama, cubos, etc.) y de lugares específicos donde podamos dejar los juguetes y libros, como es el caso de estanterías, siempre tratando de que estén a una altura accesible para los niños.

MARINE

DON'T GROW UP IT'S A TRAP

Sweet Dreams

Bathrooms

The revolution in interior design in recent years has been evident in all parts of a home. Years ago, little attention was paid to the design of bathrooms; when talking about the decoration of a dwelling, one thought only of the living room or bedrooms. Nowadays, the bathroom is a fundamental piece where to relax body and mind. This new concept speaks to us of spaces with the soul of a spa. Straight lines are enhanced and decorations are reduced so as not to over design and create a calm atmosphere where you can enjoy the ritual of the bath or a revitalizing shower.

The bathroom has gone from being a simple functional corner to a space where functionality, technology and design come together to offer a universe of decorative possibilities. However, all of them coincide in one fundamental factor: the search for light. That is why images of bathtubs in front of large windows are becoming more and more common, making our bathroom much more pleasant; bathrooms integrated into the bedroom or separated by a glass wall that allows the light that enters through their windows to filter.

In response to its growing importance, the market has a very wide range of furniture and sanitary equipment. Elements that were hardly given importance for their merely functional character, now have an elaborate design that makes them in many cases the focal point of the room. We must not forget the accessories. Bathroom accessories are more than just extras. Besides their indisputable functionality they can be very decorative pieces and they must be according to the chosen decorative style.

When talking about the decorative style of a bathroom any option is valid: from an absolute minimalism free of ornaments, very common in today's homes, to a richer and more personal style. The important thing is to find a harmony between the finishes and the decorative elements and a coherence with the personality of the house.

Badezimmer

Die Revolution in der Innenarchitektur in den letzten Jahren hat sich in allen Bereichen eines Hauses vollzogen. So wurde vor Jahren dem Design von Badezimmern wenig Aufmerksamkeit geschenkt; wenn man über die Dekoration einer Wohnung sprach, dachte man nur an das Wohnzimmer oder die Schlafzimmer. Heutzutage ist das Badezimmer für viele Menschen ein grundlegendes Element, um Körper und Geist zu entspannen. Dieses neue Konzept spricht von Umgebungen mit einem Sinn für Wellness. Gerade Linien werden verstärkt und Dekorationen reduziert, um die Atmosphäre nicht wieder aufzuladen und eine ruhige Atmosphäre zu schaffen, in der Sie das Ritual des Bades oder eine belebende Dusche genießen können.

Das Badezimmer ist von einer einfachen funktionalen Ecke zu einem Raum geworden, in dem Funktionalität, Technologie und Design zusammenkommen, um ein Universum an dekorativen Möglichkeiten zu bieten. Sie alle fallen jedoch in einem wesentlichen Faktor zusammen: der Suche nach Licht. Deshalb finden wir Badewannen immer häufiger vor großen Fenstern, was unser Bad viel angenehmer macht – oder auch Bäder, die in das Schlafzimmer integriert oder durch eine Glaswand getrennt sind, die das Licht, das durch ihre Fenster eintritt, filtert.

Als Reaktion auf die wachsende Bedeutung des Badezimmers verfügt der Markt über ein sehr breites Sortiment an Möbeln und Sanitäranlagen. Elemente, denen wegen ihres rein funktionalen Charakters kaum Bedeutung beigemessen wurde, haben nun ein aufwändiges Design, das sie in vielen Fällen zum Mittelpunkt des Raumes macht. Wir dürfen die Accessoires eines Badezimmers nicht vergessen, denn es sind die kleinen Dinge, die den Unterschied in einer guten Dekoration ausmachen und ihr Persönlichkeit verleihen. Badezimmerzubehör ist mehr als nur Zubehör. Neben ihrer unbestreitbaren Funktionalität können sie sehr dekorative Stücke sein und sie müssen dem gewählten Dekorationsstil entsprechen.

Wenn es um den dekorativen Stil eines Badezimmers geht, gilt jede Option: vom absoluten Minimalismus ohne Ornamente, der in den heutigen Wohnungen sehr verbreitet ist, bis hin zu einem reicheren und persönlicheren Stil. Wichtig ist es, eine Harmonie zwischen den Oberflächen und den dekorativen Elementen zu finden und eine Übereinstimmung mit der Persönlichkeit des Hauses herzustellen.

Salles de bain

La révolution de l'aménagement intérieur de ces dernières années s'est manifestée dans toutes les pièces d'une maison. Ainsi, il y a des années, peu d'attention était accordée à la conception des salles de bains ; lorsqu'on parle de la décoration d'un logement, on ne pense qu'au salon ou aux chambres. De nos jours, pour beaucoup de gens, la salle de bain est un élément fondamental pour relaxer le corps et l'esprit. Ce nouveau concept nous parle d'environnements qui ont l'âme d'un spa. Les lignes droites sont mises en valeur et les décorations sont réduites afin de ne pas surcharger l'atmosphère et de créer une atmosphère calme où vous pourrez profiter du rituel du bain ou d'une douche revitalisante.

La salle de bains est passée d'un simple coin fonctionnel à un espace où fonctionnalité, technologie et design s'unissent pour offrir un univers de possibilités décoratives. Cependant, tous se rejoignent sur un point ondamental : la recherche de la lumière. C'est pourquoi les images de baignoires devant de grandes fenêtres sont de plus en plus fréquentes, ce qui rend notre salle de bain beaucoup plus agréable ; des salles de bain intégrées dans la chambre ou séparées par un mur de verre qui permet à la lumière qui entre par leurs fenêtres de filtrer.

En réponse à son importance croissante, le marché dispose d'une très large gamme de meubles et d'équipements sanitaires. Des éléments qui n'avaient guère d'importance en raison de leur caractère purement fonctionnel, ont aujourd'hui un design élaboré qui fait d'eux, dans de nombreux cas, le point central de la pièce. Il ne faut pas oublier les accessoires d'une salle de bain car ce sont les petites choses qui font la différence dans une bonne décoration et lui donnent de la personnalité. Les accessoires de salle de bains sont plus que de simples accessoires. En plus de leur fonctionnalité indiscutable, ils peuvent être des pièces très décoratives et ils doivent être selon le style décoratif choisi.

Quand on parle du style décoratif d'une salle de bains, toutes les options sont valables : d'un minimalisme absolu sans ornements, très courant dans les maisons actuelles, à un style plus riche et plus personnel. L'important est de trouver une harmonie entre les finitions et les éléments décoratifs et une cohérence avec la personnalité de la maison.

Cuartos de baño

La revolución en los últimos años del diseño de interiores se ha hecho patente en todas las piezas de una vivienda. Así, años atrás apenas se prestaba atención al diseño de los baños; al hablar de la decoración de una vivienda se pensaba únicamente en el salón o en los dormitorios. Actualmente, para muchos, el cuarto de baño es una pieza fundamental donde relajar cuerpo y mente. Este nuevo concepto nos habla de entornos con alma de *spa*. Se potencian las líneas rectas y los adornos se reducen para no recargar el ambiente y crear una atmósfera tranquila donde disfrutar del ritual del baño o de una ducha revitalizante.

El cuarto de baño ha pasado de ser un simple rincón funcional a un espacio donde la funcionalidad, la tecnología y el diseño se conjugan para ofrecer un universo de posibilidades decorativas. Sin embargo, todas ellas coinciden en un factor fundamental: la búsqueda de la luz. Por ello son cada vez más habituales las imágenes de bañeras frente a grande ventanales que hacen mucho más placentero nuestro baño; cuartos de baño integrados en el dormitorio o separados por una pared de cristal que permiten que se filtre la luz que entra por sus ventanas.

Como respuesta a su creciente protagonismo, el mercado cuenta con una oferta amplísima de mobiliario y equipamientos sanitarios. Elementos a los que apenas se le daba importancia por su carácter meramente funcional, cuentan ahora con una elaborado diseño que hace de ellos en muchos caso el punto focal de la estancia. No debemos olvidarnos de los accesorios de un baño ya que son las pequeñas cosas las que marcan la diferencia en una buena decoración y la dotan de personalidad. Los accesorios de baño son algo más que simples complementos. Además de su indiscutible funcionalidad pueden ser piezas muy decorativas y deben de ir acordes al estilo decorativo escogido.

Cuando se habla del estilo decorativo de un baño cualquier opción es válida: desde un minimalismo absoluto libre de ornamentos, muy habitual en los hogares actuales, a un estilo más rico y personal. Lo importante es encontrar una armonía entre los acabados y los elementos decorativos y una coherencia con la personalidad de la casa.

The high windows, as well as the skylights are ideal for bathrooms as they provide light and ventilation without losing privacy.

Die hohen Fenster sowie die Oberlichter sind ideal für Badezimmer, da sie für Licht und Belüftung sorgen, ohne die Privatsphäre zu stören.

Les fenêtres hautes, ainsi que les puits de lumière sont idéales pour les salles de bains car elles fournissent lumière et ventilation sans perdre l'intimité.

Las ventanas altas, así como las claraboyas son ideales para los cuartos de baño ya que aportan luz y ventilación sin perder privacidad.

The colour balance and symmetry of this bathroom create a calm atmosphere. The plants give a feeling of freshness and a note of life and colour.

Die Farbbalance und Symmetrie dieses Baddesigns schaffen eine ruhige Atmosphäre. Die Pflanzen geben ihm ein Gefühl von Frische und eine Note von Leben und Farbe.

L'équilibre des couleurs et la symétrie de cette salle de bains créent une atmosphère calme. Les plantes donnent une sensation de fraîcheur et lui donnent une note de vie et de couleur.

El equilibrio de colores y la simetría de este diseño de baño crean una atmósfera tranquila. Las plantas dan sensación de frescor y le dan una nota de vida y color.

The black marble floor and wall with rich veins add a sophisticated touch to this sober bathroom. The warmth of the wood on which the washbasin rests counteracts the coldness of the marble that envelops the entire space.

Der schwarze Marmorboden und die Wand mit reicher Maserung verleihen diesem schlichten Bad eine raffinierte Note. Die Wärme des Holzes, auf dem das Waschbecken ruht, wirkt der Kälte des Marmors entgegen, der den ganzen Raum umgibt.

Le sol et le mur en marbre noir aux veines riches ajoutent une touche sophistiquée à cette salle de bains sobre. La chaleur du bois sur lequel repose le lavabo contrebalance la froideur du marbre qui enveloppe tout l'espace.

El suelo y la pared de mármol negro con ricas vetas añaden un toque sofisticado a este sobrio baño. La calidez de la madera de la encimera sobre la que descansa el lavabo contrarresta la frialdad del mármol que envuelve todo el espacio.

A separate bathtub is often the focal point in a bathroom. Placing it in front of this wooden wall accentuates its prominence and at the same time provides a warmer environment that makes the bathing experience more enjoyable.

Eine separate Badewanne steht oft im Mittelpunkt eines Badezimmers. Die Platzierung vor dieser Holzwand unterstreicht die Bedeutung und bietet gleichzeitig eine wärmere Umgebung, die das Badeerlebnis angenehmer macht.

Une baignoire séparée est souvent le point central d'une salle de bains. La placer devant ce mur en bois accentue sa proéminence et offre en même temps un environnement plus chaud qui rend l'expérience du bain plus agréable.

Una bañera independiente es a menudo el punto focal en un cuarto de baño. Colocarla frente esta pared de madera acentúa si cabe su protagonismo a la vez propicia un entorno más cálido que hace la experiencia del baño más placentera.

Good lighting is essential to ensure that the bathroom is comfortable and conveys a pleasant and relaxing atmosphere. It should be functional but also decorative. Combining general light and spot lights, for areas such as the shower or toilet, and indirect light is the most advisable. Placing large mirrors amplifies the luminosity making the bathroom feel wider and more spacious.

Eine gute Beleuchtung ist unerlässlich, um sicherzustellen, dass das Bad komfortabel ist und eine angenehme und entspannende Atmosphäre vermittelt. Es sollte funktional, aber auch dekorativ sein. Am besten ist es, Allgemeinlicht, Punktlicht für Bereiche wie Dusche oder WC und indirektes Licht zu kombinieren. Die Platzierung großer Spiegel verstärkt die Leuchtkraft, wodurch sich das Badezimmer breiter und geräumiger anfühlt.

Un bon éclairage est essentiel pour assurer le confort de la salle de bains et créer une atmosphère agréable et relaxante. Il doit être fonctionnel mais aussi décoratif. La combinaison de l'éclairage général, de l'éclairage ponctuel, pour des zones telles que la douche ou les toilettes, et de l'éclairage indirect est la solution la plus recommandée. Le placement de grands miroirs amplifie la luminosité et donne à la salle de bains un aspect plus large et plus spacieux.

Contar con una buena iluminación es fundamental para que el baño resulte cómodo y transmita una atmósfera agradable y relajante. Debe ser funcional pero también decorativa. Combinar luz general, puntual, para zonas como la ducha o el tocador, e indirecta es lo más aconsejable. Colocar espejos grandes amplifica la luminosidad haciendo sentir el baño más amplio y espacioso.

The use of a continuous floor as well as the transparent screen without profiles guarantee a feeling of absolute spaciousness and spatial continuity.

Die Verwendung eines durchgehenden Bodens ohne Differenzierung des Duschbereichs sowie die transparente, profilfreie Blende garantieren ein Gefühl von absoluter Geräumigkeit und räumlicher Kontinuität.

L'utilisation d'un sol continu sans différenciation de la surface de la douche ainsi que l'écran transparent sans profilés garantissent une sensation d'espace et de continuité spatiale absolue.

El empleo de un pavimento continuo sin diferenciar la zona de la ducha así como la mampara transparente y sin perfiles garantizan una sensación de amplitud y continuidad espacial absolutas.

Suspended furniture and sanitary ware, leaving the floor bare, bring visual lightness and a sensation of spaciousness. At the same time, cleaning is much simpler. Design, comfort and functionality come together.

Hängemöbel und Sanitärkeramik, die den Boden frei lassen, bringen optische Leichtigkeit und ein Gefühl von Geräumigkeit in unser Bad. Gleichzeitig ist die Reinigung viel einfacher. Kurz gesagt, Design, Komfort und Funktionalität treffen perfekt aufeinander.

Les meubles suspendus et les articles sanitaires, laissant le sol nu, apportent une légèreté visuelle et une sensation d'espace à notre salle de bains. En même temps, le nettoyage est beaucoup plus simple. Bref, le design, le confort et la fonctionnalité s'allient parfaitement.

Los muebles y sanitarios suspendidos, al dejar el suelo desnudo, aportan ligereza visual y sensación de amplitud a nuestro cuarto de baño. Al mismo tiempo. la limpieza es mucho más sencilla. En definitiva, se unen a la perfección diseño, comodidad y funcionalidad.

PHOTO CREDITS
iStock by Getty Images

OPEN SPACES

p. 10-11 IGphotography; p. 12-13 Yuri_Acurs; p. 14-15 Onur Döngel; p. 16-17 ExperienceInteriors; p. 18-19 hikesterson; p. 20-21 ExperienceInteriors; p. 22-23 KatarzynaBialasiewicz; p. 24 in4mal; p. 25 ArchiViz; p. 26-27 Bulgac; p. 28-29 Anatoli Igolkin; p. 30-31 asbe; p. 32-33 drewhadley; p. 34-35 NelleG; p. 36-37 Eoneren; p. 38-39 tulcarion; p. 40-41 tulcarion; p. 42-43 NelleG; p. 44-45 lookslike; p. 46-47 asbe.

Collage - From left to right and from top to bottom
p. 48 Artserstudio, NelleG, gerenme, onurdongel, lechatnoir, KatarzynaBialasiewicz.
p. 49 tulcarion, piovesempre, ArchiViz, NelleG, asbe, ShutterWorx, piovesempre.

LIVING ROOMS

p. 52-53 KatarzynaBialasiewicz; p. 54-55 Vlajs; p. 56-57 mvolante; p. 58-59 asbe; p. 60-61 alvarez; p. 62-63 NelleG; p. 64-65 Eoneren; p. 66-67 CreativaStudio; p. 68-69 Bim; p. 70-71 asbe; p. 72-73 IvanWuPI; p. 74-75 KatarzynaBialasiewicz; p. 76-77 Imaginima; p. 78-79 asbe; p. 80-81 KatarzynaBialasiewicz; p. 82-83 KatarzynaBialasiewicz; p. 84 Eoneren; p. 85 Bulgac; p. 86-87 asbe; p. 88-89 KatarzynaBialasiewicz.

Collage - From left to right and from top to bottom
p. 90 Tom Merton, ExperienceInteriors, Bulgac, KatarzynaBialasiewicz, asbe, KatarzynaBialasiewicz, Eoneren.
p. 91 Bulgac, asbe, ExperienceInteriors, FollowTheFlow, Aleksandra Zlatkovic, IvanWuPI, Django, photomile.

DINING ROOMS

p. 94-95 deliormanli; p. 96-97 ExperienceInteriors; p. 98 ExperienceInteriors; p. 99 ExperienceInteriors; p. 100-101 Hispanolistic; p. 102-103 Django; p. 104 FollowtheFlow; p. 105 tulcarion; p. 106-107 KatarzynaBialasiewicz; p. 108-109 KatarzynaBialasiewicz; p. 110 IvanWuPI; p. 111 IvanWuPI; p. 112-113 KatarzynaBialasiewicz; p. 114 FollowTheFlow; p. 115 KatarzynaBialasiewicz; p. 116-117 Imaginima; p. 118-119 tulcarion; p. 120-121 ExperienceInteriors; p. 122-123 ExperienceInteriors.

Collage - From left to right and from top to bottom
p. 124 piovesempre, asbe, piovesempre, Gladiathor, Serghei Starus, KatarzynaBialasiewicz, snorkulencija.
p. 125 ExperienceInteriors, Gladiathor, piovesempre, Franck-Boston, piovesempre, KatarzynaBialasiewicz.

KITCHENS

p. 128-129 Peter_visual; p. 130-131 Bulgac; p. 132-133 Bulgac; p. 134 hikesterson; p. 135 2Mmedia; p.136-137 asbe; p. 138-139 chuckcollier; p. 140-141 phototropic; p. 142 Franck-Boston; p. 143 phototropic; p. 144-145 phototropic; p. 146-147 ExperienceInteriors; p. 148-149 Onzeg; p. 150 KatarzynaBialasiewicz; p. 151 piovesempre; p. 152-153 BenAkiba; p. 154-155 Imaginima; p. 156-157 onurdongel; p. 158 NelleG; p. 159 NelleG; p.160-161 AlessandroPhoto; p. 162-163 phototropic.

Collage – From left to right and from top to bottom
p. 164 Martin Barraud, DHSphoto, in4mal, NelleG, in4mal, ismagilov, dieterMeyrl.
p. 165 ArchiViz, Django, NelleG, Aleksandra Zlatkovic, asbe, KatarzynaBialasiewicz, KatarzynaBialasiewicz.

STAIRS

p. 168-169 Django; p. 170-171 Bulgac; p. 172-173 asbe; p. 174 KatarzynaBialasiewicz; p. 175 KatarzynaBialasiewicz; p. 176-177 KatarzynaBialasiewicz; p. 178 bonetta; p. 179 josiejohnson; p. 180-181 Gvoic_M; p. 182 Sisoje; p. 183 Django; p. 184-185 IP Galanternik D.U.; p. 186 KatarzynaBialasiewicz; p. 187 Martin Barraud.

Collage - From left to right and from top to bottom
p. 188 Clerkenwell, asbe, Panya_, KatarzynaBialasiewicz, KatarzynaBialasiewicz, Martin Barraud.
p. 189 piovesempre, kohei_hara, Martin Barraud, jodiejohnson, Nicholas Free, baona, Martin Barraud.

HOME OFFICES

p. 192-193 onurdongel; p. 194-195 KatarzynaBialasiewicz; p. 196 Bulgac; p. 197 KatarzynaBialasiewicz; p. 198-199 KatarzynaBialasiewicz; p. 200 onurdongel; p. 201 Bulgac; p. 202 asbe; p. 203 jamestehohart; p. 204-205 fotostorm; p. 206 Eoneren; p. 207 Imaginima; p. 208-209 fotostorm; p. 210 KatarzynaBialasiewicz; p. 211 KatarzynaBialasiewicz; p. 212 KatarzynaBialasiewicz; p. 213 BenAkiba; p. 214-215 phototropic.

Collage - From left to right and from top to bottom
p. 216 FollowtheFlow, Imaginima, ExperienceInteriors, onurdongel, Martin Barraud, M_a_y_a, Tom Merton.
p. 217 eclipse_images, asbe, Bulgac, Bulgac, jamesteohart, Yurii Usenko.

BEDROOMS

p. 220-221 KatarzynaBialasiewicz; p. 222-223 KatarzynaBialasiewicz;
p. 224 Artjafara; p. 225 NelleG; p. 226-227 asbe,
p. 228-229 ExperienceInteriors; p. 230 ExperienceInteriors;
p. 231 ExperienceInteriors; p. 232-233 KatarzynaBialasiewicz; p. 234 asbe;
p. 235 asbe; p. 236-237 KatarzynaBialasiewicz; p. 238-239 asbe;
p. 240 lookslike; p. 241 tulcarion; p. 242-243 KatarzynaBialasiewicz;
p. 244-245 imaginima; p. 246 onurdongel; p. 247 asbe;
p. 248-249 jodiejohnson; p. 250 Imaginima; p. 251 asbe;
p. 252-253 pepmiba; p. 254-255 Artjafara; p. 256-257 asbe.

Collage - From left to right and from top to bottom
p. 258 KatarzynaBialasiewicz, Relentless-one, snorkulencija, Artjafara, runna10, Tom Merton, KatarzynaBialasiewicz.
p. 259 cipella, ExperienceInteriors, Peter_visual, sl-f, pepmiba, EloisaConti, Gladiathor.

CHILDREN'S BEDROOMS

p. 262-263 Gladiathor; p. 264-265 KatarzynaBialasiewicz;
p. 266-267 ExperienceInteriors; p. 268 KatarzynaBialasiewicz;
p. 269 KatarzynaBialasiewicz; p. 270-271 KatarzynaBialasiewicz;
p. 272 archideaphoto; p. 273 ExperienceInteriors;
p. 274-275 KatarzynaBialasiewicz; p. 276 zuzulicea; p. 277 imaginima;
p. 278 KatarzynaBialasiewicz; p. 279 KatarzynaBialasiewicz;
p. 280-281 KatarzynaBialasiewicz; p. 282 BenAkiba;
p. 283 KatarzynaBialasiewicz; p. 284-285 KatarzynaBialasiewicz;
p. 286-287 KatarzynaBialasiewicz; p. 288 KatarzynaBialasiewicz;
p. 289 KatarzynaBialasiewicz; p. 290-291 KatarzynaBialasiewicz;
p. 292-293 KatarzynaBialasiewicz; p. 294 KatarzynaBialasiewicz;
p. 295 KatarzynaBialasiewicz.

Collage - From left to right and from top to bottom
p. 296 KatarzynaBialasiewicz, Imaginima, mediaphotos, KatarzynaBialasiewicz, KatarzynaBialasiewicz, KatarzynaBialasiewicz, sergey02, onurdongel.
p. 297 KatarzynaBialasiewicz, KatarzynaBialasiewicz, KatarzynaBialasiewicz, ExperienceInteriors, FluxFactory, KatarzynaBialasiewicz.

BATHROOMS

p. 300-301 tulcarion; p. 302-303 Martin Barraud; p. 304 pepmiba;
p. 305 onurdongel; p. 306-307 tulcarion; p. 308-309 Django;
p. 310 Explora_2005; p. 311 Rowan Patrick Photos; p. 312-313 karelnoppe;
p. 314 asbe; p. 315 ismagilov; p. 316-317 phototropic;
p. 318-319 KatarzynaBialasiewicz; p. 320- 321 phototropic;
p. 322-323 tulcarion; p. 324-325 deliormanli; p. 326-327 tulcarion;
p. 328-329 phototropic; p. 330-331 phototropic.

Collage - From left to right and from top to bottom
p. 332 Django, ismagilov, phototropic, Relentless_one, gamespirit, asbe, asbe.
p. 333 Onzeg, Thanyakan Thanapanprasert, Vlajs, tulcarion, pavel_balanenko, michal-rojek, ismagilov, pepmiba.